Berauschend, schmerzlich und schön

Peter Kottlorz

Berauschend, schmerzlich und schön

Über die Liebe

Matthias Grünewald Verlag

VERLAGSGRUPPE PATMOS

PATMOS
ESCHBACH
GRÜNEWALD
THORBECKE
SCHWABEN

Die Verlagsgruppe
mit Sinn für das Leben

Für die Schwabenverlag AG ist Nachhaltigkeit ein wichtiger Maßstab ihres Handelns. Wir achten daher auf den Einsatz umweltschonender Ressourcen und Materialien. Dieses Buch wurde auf FSC®-zertifiziertem Papier gedruckt. FSC (Forest Stewardship Council®) ist eine nicht staatliche, gemeinnützige Organisation, die sich für eine ökologische und sozial verantwortliche Nutzung der Wälder unserer Erde einsetzt.

© 2012 Matthias Grünewald Verlag der Schwabenverlag AG, Ostfildern
www.gruenewaldverlag.de

Umschlaggestaltung: Finken & Bumiller, Stuttgart
Umschlagabbildung: Seleneos / photocase.com
Druck: CPI – Ebner & Spiegel, Ulm
Hergestellt in Deutschland
ISBN 978-3-7867-2919-8

Inhalt

Liebeskummer – Liebesleid

Liebe lebenslänglich? – Fragen um Ehe und Treue

Dos and Don'ts – Beziehungsregeln

Liebende brauchen ein Drittes

Liebe über den Tod hinaus

Vorwort

»Ein Buch über die Liebe? Ein größeres Thema konntest du dir nicht vornehmen?« So reagierten einige meiner Freunde und Bekannten, wenn ich erzählte, dass ich an einem Buch über die Liebe arbeite. Andere hatten plötzlich ein Leuchten in den Augen oder begannen, wissend zu lächeln, verbunden mit einer erwartungsvollen Neugier darauf, was da wohl von mir kommen würde.

Einem so großen Thema kann man sich nur nähern, wenn man sich beschränkt. Dieses Buch beschränkt sich darauf, dass es – nicht nur, aber vor allem – um die Liebe bei Paaren geht. Die andere Eingrenzung ist, dass es keine theoretische Abhandlung, sondern ein persönliches Buch über die Liebe ist. Viele der berauschenden, schmerzlichen und schönen Erfahrungen, die die Liebe so mit sich bringt, habe ich gemacht und mache ich immer noch. Die Liebe ist einer der dicken roten Fäden, die sich durch mein Leben ziehen.

Einer der schönsten Wesenszüge der Liebe ist, dass sie weitergegeben werden möchte. Und das will ich mit diesem Buch tun. Ich möchte auch einige Erkenntnisse aus meinen Erfahrungen weitergeben, die hilfreich, ermutigend oder tröstlich sein könnten. Dazu habe ich meine Texte, die größtenteils in einem der Radioprogramme des SWR gesendet wurden, durchforstet. Von diesen Texten sind manche fast 20 Jahre alt. Und es war sehr interessant zu beobachten, wie anders sich manche heute anfühlen. Manche musste ich überarbeiten, ein paar komplett neu schreiben. Es war aber auch schön zu sehen, dass ich die meisten so stehenlassen konnte, wie ich sie zu ihrer Zeit geschrieben hatte. Und so beschreibt auch das erste Kapitel »Liebe ist ...« einige zeitlose Wesensmerkmale der Liebe, die mit Paarbeziehungen zu tun haben, aber gerade am Anfang des Buches darüber hinausgehen sollen. Das zweite Kapitel – »Body first« – will zweierlei: der Sexualität ein wenig von dem Druck nehmen, mit dem sie in unserer Gesellschaft verbunden ist, sowie die Natürlichkeit und Schönheit der körperlichen Liebe beschreiben. Ein Buch, das nur die schönen Seiten der Liebe behandelt, wäre so realitätsfern wie blauäugig und darum steht das Kapitel »Liebeskummer – Liebesleid« an dritter Stelle. Um die Frage, ob die Liebe in einer Paarbeziehung auch länger als drei, sieben oder 22 Jahre lebendig bleiben kann, geht es im Kapitel »Liebe lebenslänglich?«. Wie das nun gehen kann, dazu gibt das fünfte Kapitel »Dos and Don'ts« ein paar alltagserprobte Anregungen. Dass Liebende ein »Drittes« brauchen, ist eine Erkenntnis, die nicht nur Paare machen, die keine Kinder haben können oder wollen, und deswegen auch Thema des sechsten Kapitels. Und am Schluss dieses Buches trifft ein weiteres großes, ja übergroßes Thema auf das große Thema Liebe: der Tod. Dass die Liebe auch und gerade über ihn hinausreicht, ist eine Erfahrung, die nicht nur gläubige Menschen machen und mit deren Beschreibung dieses Buch auch ganz bewusst endet.

Nicht enden soll dieses Vorwort ohne meinen Dank. Ich danke meiner Lektorin Andrea Langenbacher. Einmal mehr habe ich ihren Sachverstand und ihre Ruhe geschätzt. Bei diesem Buch über die Liebe war es für mich als Mann besonders bereichernd, von einer Frau wie ihr wohlwollend kritisch und feinfühlig begleitet zu sein.

Und schließlich danke ich Astrid, meiner Frau, Freundin und Lebensgefährtin, mit der ich seit 33 Jahren in Liebe verbunden bin und ohne die es dieses Buch – zumindest so – nicht gegeben hätte.

Peter Kottlorz

Liebe ist …

... umfassend

Wenn ich bei einer Suchmaschine im Internet das Wort Liebe eingebe, erhalte ich 238 Millionen Einträge in 0,08 Sekunden. So schnell so viel ... Sexangebote, Onlinedating, Partnervermittlung, Liebesprüche, Liebestests und Fotos. Kleines großes Wort, das die Welt umtreibt und am Leben erhält, von der Zeugung bis übers Grab hinaus: die Liebe ... Sie ist nicht nur der Gefühlrausch zweier Menschen und auch nicht nur die selbstvergessene Hingabe von Gott-suchern – die Liebe ist umfassender, sie ist auch eine Ein-stellung, eine Haltung.

Liebe als Haltung ist umfassender als die Liebe zwischen zwei Menschen. Sie ist eine Liebe zum Leben überhaupt und zu allem, was das Leben wachsen und sich entwickeln lässt. Sie liebt die Pflanzen und Tiere als Mitgeschöpfe und als Teile des großen Ganzen. Sie liebt die Kinder als unsere Fühler in die Zukunft und fördert ihre Entwicklung in eine Welt, in der sie gut und gerne leben können.

Die Liebe als Haltung liebt die alten Menschen im Respekt vor ihrem gelebten, sichtbar gereiften Leben mit all seinen Licht- und Schattenseiten.

Die Liebe als Haltung liebt den Partner nicht um seinet- oder meinetwillen, sondern um der gemeinsamen Ge-schichte, Gegenwart und Zukunft willen. Sie liebt die Be-ziehung an sich, das, was gemeinsam und was verschieden ist und was sich immer noch entwickeln kann. Und hat dabei immer auch das Wohl des Anderen im Blick.

Umfassende Liebe kann und will sich nicht auf den Partner, die Partnerin oder die Familie beschränken. Sie drängt darüber hinaus und sorgt sich um das Wohl des Nächsten bis hin zum Fernsten auf diesem so schrecklichen, schönen, blauen Planeten. Sie kann und will es nicht ertragen, dass es anderen Zeitgenossen schlecht geht. Sie kann nicht anders, als an der Verbesserung der Welt zu arbeiten. Aber nicht in blindem Eifer, sondern in zuversichtlicher Geduld. Wie ein Gärtner, der seine Pflanzen schon wachsen sieht, auch wenn sie noch unter der Erde sind.

... berauschend

Es ist nicht zu verhindern und nicht zu erzwingen, es passiert einfach – aus heiterem Himmel und wie der Blitz: dieser Stich in die Magengegend, dieser süße Schmerz im Herzen, diese kribbelnde Appetitlosigkeit und dieses endlose Sehnen. Nein, nicht die Liebe ist gemeint, sondern das *verliebt sein*. Schon sprachlich weist die Silbe »ver« auf einen der Liebe vorgelagerten Zustand. Das »ver« deutet aber auch darauf hin, dass etwas mit einem geschieht, dass man die »Sache« nicht in der Hand hat, überhaupt nicht. Es ist ein Naturereignis, das Verliebtsein, und es heißt, Verliebte seien nicht mehr zurechnungsfähig, im emotionalen Ausnahmezustand, in einem Zustand schmerzlich-schöner Seelenkrankeit, auf Wolke Sieben mit Schmetterlingen oder Flugzeugen im Bauch und Blutstau drunter und drüber.

Am Anfang der Liebe steht dieser Rausch der Gefühle mit verrückt gewordenen Hormonen, die wie Billardkugeln durch den Körper schießen. Herz und Hirn sind zum Zerreißen gespannt zwischen der Angst vor einer Zurückweisung und der Lust auf körperliches Neuland. Und das alles, um endlich dieses elende Getrenntsein zu beenden, um den anderen zu entdecken, körperliche und seelische Mauern niederzureißen und sich zu verlieren in wohliger Ganzheit. Dem vertrauten Fremden so nahe zu kommen, dass man sich selbst beglückt, staunend und dankbar so intensiv erlebt, dass nichts anderes mehr wichtig ist, dass man meint, man könne ohne den Blick, die Stimme, den Geruch des anderen nicht mehr leben. Verliebtsein ist eine physische und psychische Radikal- und Exklusiv-Fokussierung auf die eine oder den einen, die oder der die Welt hell, bunt und schön macht, dem Leben Sinn und Sinnlichkeit gibt.

Verliebtsein ist die schönste Droge, die es gibt. Ein natürlicher, legaler Rauschzustand, vom dem sich die Verliebten wünschen, dass er niemals aufhört. Aber wir würden sterben, heißt es, wenn dieser Rauschzustand nicht enden und nicht in Liebe übergehen würde. Wir würden sterben, weil uns ein euphorischer Dauerzustand auf Dauer körperlich und seelisch überfordern würde. Und wir würden aussterben, weil wir uns nur noch um uns und diese wunderbare Droge kümmern würden. So irre schön, wie das Verliebtsein eben ist ...

... schmerzlich und schön

»No, Kottlorz, was ist Liebe?«, fragte mich mein berühmt-berüchtigter Religionslehrer, nachdem er mich schmusend auf dem Schulhof gesehen hatte. Und mit dem ihm eigenen verschmitzten Lächeln gab er mir diese Frage als Referat mit nach Hause: Was ist Liebe?

Mit diesem Referat machte ich erste theoretische Erfahrungen in Sachen Liebe: dass sie ein Trick der Natur sei, damit die Menschen sich fortpflanzen, dass sie etwas anderes sei als der Zustand des Verliebtseins, das mit dem ersten Geschlechtsverkehr vorbei sei (was ich bis heute nicht glaube), dass die Liebe ein Fest sei, das auch immer wieder vorbereitet und gefeiert werden müsse und dass Liebe auch verletzen kann. Stichwort Liebeskummer. Da, wo es am schönsten, tiefsten, offensten und intimsten ist, da kann es auch am meisten wehtun. Zurückgewiesene Liebe, unglückliches Verliebtsein, Untreue, nicht zueinander passen, trotz großer Anziehungskraft, auseinandergelebt, ausgeliebt. Die Liebe – sie kann der Himmel auf Erden sein und zur Hölle werden. Ich kenne beide Seiten der Liebe, die wunderschöne Seite und die furchtbar schmerzliche, nicht nur theoretisch. Unser Leben ist nun mal so gestrickt, dass Liebe und Leid sehr nah beieinander liegen, ja aus derselben Quelle zu kommen scheinen. Einer Quelle, die tief in unserer Seele verborgen ist und heftige Gefühlsströme auslösen kann, berauschend glückliche und todtraurige. Den einen wie den anderen Gefühlsstrom zuzulassen, wenn er dran ist, ist eine Liebesübung, die mit keiner Theorie und keinem Referat zu absolvieren ist, sondern nur mit gelebtem, schmerzlich-schönem Leben.

Und wenn mich mein geschätzter Lehrer heute nochmal fragen würde »No, Kottlorz, was ist Liebe?«, dann würde ich ihm antworten: »Ein Wagnis. Aber das schönste, das es gibt!«

... heilsam

»Liebe ist ein Glas, das zerbricht, wenn man es zu unsicher oder zu fest anfasst.« In diesem russischen Sprichwort steckt eine doppelte Wahrheit. Es ist schwierig, sich Menschen zu nähern oder gar eine Liebesbeziehung einzugehen, wenn man selbst nicht in sich ist. Wenn man kein Selbstbewusstsein hat. Und zwar im doppelten Sinn: ein Bewusstsein meiner selbst, aus dem Selbstsicherheit und Selbstvertrauen entstehen können.

Sei es in der Erziehung oder auch zwischen erwachsenen Menschen: Groß wie Klein haben ein natürliches Gespür dafür, ob jemand echt ist. Und Liebe ohne Echtheit geht nicht.

Deswegen kann man die Liebe auch nicht erzwingen. Das Glas der Liebe zerbricht, wenn man es zu fest anpackt. Liebe ergibt sich, sie geschieht, sie ereignet sich.

Im Neuen Testament der Bibel, im Johannesevangelium, gibt es einen so einfachen wie großen Text. Darin geht es um das Vermächtnis Jesu. »Liebt einander«, sagt Jesus zu seinen Jüngern. »Wie ich euch geliebt habe, so sollt auch ihr einander lieben. Daran werden alle erkennen, dass ihr meine Jünger seid: wenn ihr einander liebt!«

Das ist so schlicht wie schön. Und wirksam muss es auch gewesen sein. Denn nach dem Urteil antiker Geschichtsschreiber waren sie ganz besondere Leute, diese sogenannten Christen. Weil sie so deutlich anders, so deutlich besser miteinander umgegangen sind. Untereinander, aber auch mit Menschen, die nicht zu ihnen gehört haben. Die Urchristen haben geteilt, was sie hatten. Hatte einer mehr, dann gab er denen, die weniger hatten. Sie feierten regelmäßig ihr Erinnerungsmahl und sie heilten. Das war ein ganz wesentliches Merkmal der ersten Christen: Sie heilten die Menschen. An Leib und Seele. Und das geht am besten oder vielleicht sogar nur, wenn man die Menschen liebt.

Die Menschen lieben, das heißt für mich nicht, ihnen um den Hals zu fallen und sie mit meinen überbordenden Gefühlen zu bedrängen. Oder blind zu sein für ihre Boshaftigkeit und Brutalität. Die Menschen lieben heißt für mich: Sie in ihrer Schönheit und Zerbrechlichkeit zu sehen. Und sie zu behandeln wie kostbares Glas: vorsichtig, respektvoll, mit Neugier und mit Freude. Weil jeder von ihnen ein ganz eigenes wundervolles Gefäß ist, für das Beste das wir haben: das Leben.

... Kraft spendend

»The Power of love« – der Film soll zwar nicht so riesig gewesen sein, aber sein Titel war klasse. »Eine Geschichte über Ehemänner, Ehefrauen, Eltern, Kinder und andere Naturkatastrophen« war sein Untertitel. Die Kraft der Liebe und ihre Auswirkungen auf die Menschheit ist immer wieder Thema von Kinofilmen.

The power of love – die Kraft der Liebe. So kräftig scheint sie bei uns nicht zu sein, die Liebe, wenn man bedenkt, dass inzwischen ungefähr 25 % aller Ehen wieder geschieden werden, und wenn man weiß, dass wir bei durchschnittlich 1,39 Kindern pro Partnerschaft wohl nicht allzu viel Power bei der praktischen Weitergabe der Liebe haben.

Aber warum immer diese Negativsicht! Warum wird immer nur von den schlimmen Dingen geredet, von den Schwierigkeiten und den Problemen? Warum redet keiner von den 75 % Ehen, die nicht geschieden werden? Klar, bei diesen ist auch nicht alles in Butter, aber vom Gelingen, von den schönen Seiten der Ehe traut sich scheinbar keiner mehr zu reden. Von der Verlässlichkeit, von der Tiefe einer Beziehung, die wachsen und reifen und Krisen überstehen kann. Von Beständigkeit, von Treue in einer Zeit des ständigen Wechsels und der Beliebigkeit. Von einer Vertrautheit, die oft keine Worte mehr braucht. Von einer unvergleichlichen Nähe, die mit mehreren Menschen zugleich eben nicht möglich ist.

Die Kraft der Liebe ist zum Beispiel bei Eltern zu spüren. Sie tun alles für ihre Kinder, die manchmal schon wie eine Katastrophe über die Welt der Erwachsenen hereinbrechen. Die Eltern schützen ihre Kinder, geben ihnen Geborgenheit, versorgen und umsorgen sie, oft über ihre Kräfte hinaus. Und auch bei den Kindern ist sie zu spüren, die Kraft der Liebe, trotz der Katastrophen, die die erwachsenen Familienmitglieder manchmal verursachen. Die Kinder sind treu, sie halten Versprechen und fordern dies auch von den Eltern ein. Kinder lieben vorbehaltlos, ohne Rücksicht auf Verluste und sie tun alles, um Liebe zu bekommen. Verzweifelt oft, weil sie sie brauchen wie das tägliche Brot.

The Power of Love, die Liebe ist freilich eine Kraft, die die Welt ganz schön durcheinanderbringen kann, sie aber letztlich im Innersten zusammenhält.

... langsam

Es ist eine eigenartige Erfahrung, dass ich viele Dinge, die ich erlebe, erst nach Tagen oder Wochen und manche erst nach Jahren so richtig erfasse. Am Anfang des Urlaubs zum Beispiel dauert es oft Tage, bis ich mich von der Arbeit auf meine Familie umgestellt habe. Urlaubsbilder kommen oft erst Wochen danach in mir hoch. Und nach einem Umzug brauche ich mehrere Jahre, bis ich richtig in die neue Gegend eingetaucht bin. Nicht anders geht es mir bei Menschen. Eine gute Freundschaft braucht Jahre, die Liebe, auch wenn sie eingeschlagen hat wie der Blitz, wächst ebenfalls in Jahresringen.

Das alles passt so gar nicht zu unseren Alltags- und Lebensgewohnheiten. Das Tempo ist hoch, mit der Folge, dass wir unser Leben oft nur noch als eine Folge kleiner Zeithäppchen wahrnehmen. Wir schwimmen in einem Sog von Erfahrungsbruchstücken, beim Zappen durch die Fernsehkanäle, im Autoverkehr und im Urlaub, bei dem man, wenn man fliegt, innerhalb von ein paar Stunden in eine völlig andere Landschaft und Lebensart geradezu hereinbricht.

Erfahrungen sind so nicht möglich, höchstens Sinneseindrücke. Erfahrungen brauchen Zeit. Ein schöner Film, den ich von Anfang bis zum Schluss ohne Unterbrechung gesehen habe, wirkt oft tagelang in mir nach. Das Reisen habe ich zu Fuß am intensivsten erlebt. Ich kann dann die Welt nicht nur körperlich, sondern gerade auch seelisch Schritt für Schritt erfahren.

Die langsame Erfahrung ist es, die mich zum Wesen der Dinge, zu den Menschen und damit auch zu mir selbst bringt. In der hebräischen Sprache gibt es ein Wort für diese Langsamkeit von Erfahrungen, es heißt »Jadoa« und hat eine dreifache Bedeutung: *eindringen, erkennen und lieben*. Man könnte auch sagen, sich auf etwas einlassen, sich Zeit nehmen, dann erkennen und schließlich: lieben.

... sehnsuchtsvoll

»Alles beginnt mit der Sehnsucht« – ein Satz der Schriftstellerin Nelly Sachs. Oh ja, die Sehnsucht, sie kann süß sein, wenn ihre Erfüllung bevorsteht. Sie kann bitter werden, wenn sie nie gestillt wird, die Sehnsucht nach Liebe vor allem.

Ein Flugzeug am Himmel ist für mich so ein Zeichen der Sehnsucht, der Sehnsucht abzuheben, sich zu lösen von den Zwängen des Alltags. Und ist man am Ziel seiner Träume angelangt, dann ist die Sehnsucht erstaunlicherweise immer noch da. Vielleicht begegnet sie einem am Meer, im Salzgeruch, der uns erinnern mag, woher wir kommen, oder vielleicht weckt der Rhythmus der Wellen in uns die Sehnsucht nach Ewigkeit.

Alles beginnt mit der Sehnsucht. Vielleicht ist das Schreiben die Art der Schriftstellerin, mit der Sehnsucht umzugehen, sie sogar zeitweise zu stillen. Wie alle Künstler, die selbstvergessen an einem Werk schaffen oder Handwerker an einem guten Stück Arbeit. Die Sehnsucht treibt die Menschen an und bringt sie zu Höchstleistungen. Im Sport zum Beispiel, die Nummer Eins im Tennis zu werden oder Fußballweltmeister. Hinter allem sportlichen Ehrgeiz verbirgt sich aber auch die Sehnsucht nach Unsterblichkeit, die Sehnsucht, etwas zu schaffen oder zu sein, das über das begrenzte Ich hinausreicht. Die Sehnsucht treibt die Menschen um. Die tiefe, Gott sei Dank unausrottbare Sehnsucht nach Frieden lässt die Menschen immer wieder aufeinander zugehen, auch wenn es nach schlimmsten Gräueltaten Jahrzehnte dauert. Und die Sehnsucht treibt die Menschen dazu an, sich mit den Umständen nie zufriedenzugeben. Und selbst wenn das Ziel erreicht, ein Traum verwirklicht, eine Liebe erfüllt ist, bleibt immer noch ein unstillbarer Rest an Sehnsucht. Eine Sehnsucht, die uns wie eine unsichtbare Nabelschnur mit der Welt verbindet, in der es keine Sehnsucht mehr gibt.

... frei

»L'amour est l'enfant de la liberté – die Liebe ist ein Kind der Freiheit«, heißt es in einem alten französischen Lied. Wie schön formuliert, wie wahr. Aber wie schwer zu leben: zum Beispiel jemanden freizugeben, den man liebt, und es anzunehmen, dass er einen anderen Weg gehen will, den Weg weg von mir. Oder zu akzeptieren, dass sie einen anderen Mann mehr liebt als mich. Oder wenn Kinder das Elternhaus verlassen und eigene Wege gehen – andere Wege als die, die sich die Eltern gewünscht haben. So kann Freiheit bedeuten, einsam zu werden. Verlassen zu sein wie der letzte Mensch, gerade ohne die Liebe, die man braucht wie die die Luft zum Atmen.

Es braucht mehr als die Einsicht, dass man die Menschen zum Schönsten, das es gibt, zur Liebe, nicht zwingen kann, Gott sei Dank nicht zwingen kann. Aber um nicht zu verbittern bei all den Abschieden, die es im Laufe eines Lebens zu nehmen gilt, muss man lernen, die Eigenständigkeit der Menschen nicht nur zu respektieren, sondern zu lieben, ja wirklich zu lieben, denn jeder Mensch kann nur Mensch sein, wenn er frei ist – frei zu kommen und auch frei zu gehen. Einen Menschen liebend freizugeben heißt, ihn nach allem Schmerz der Trennung auf seinem ganz eigenen Weg zu sehen, ihm diesen Weg zu gönnen, zu wünschen, ihn dort glücklich zu wissen und am Ende sogar froh darüber zu sein. Ein sehr hoher Anspruch, der höchste vielleicht, zu dem man viel Zeit braucht, ich weiß, aber wenn man es schafft, dann hat man vielleicht das Gefühl, ein Teil dieser Freiheit zu sein, ja vielleicht sogar auch ihr Garant, und kann dabei selbst frei werden, ohne einsam zu sein. Und möglicherweise fühlt man sich dann sogar reich, denn tief im Innersten ist Geben vielleicht sogar schöner als Nehmen.

Body first –
Liebe, Sex, Erotik

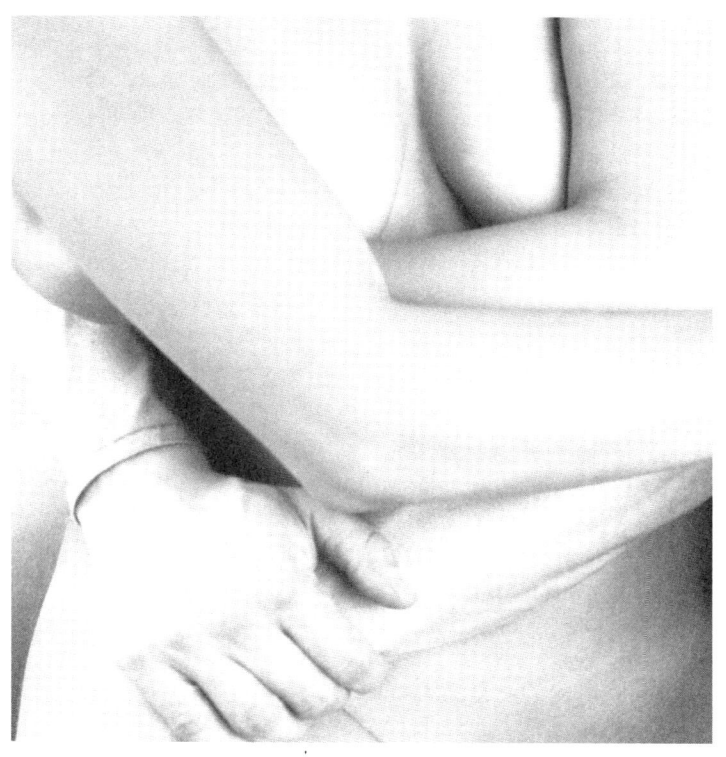

Body first

Kommt der Körper wirklich zuerst bei der Liebe, beim Sex, bei der Erotik? Aber ja! Aber nicht, weil der Mensch mehr Körper ist als Geist oder der Körper wichtiger wäre als die Seele, sondern weil wir uns – so banal das erscheinen mag – erst einmal körperlich begegnen, wenn wir uns sehen, hören, riechen. Body first, so heißen nicht nur unzählige Fitness-Clubs, body first ist auch eine Richtung in der psychosomatischen Medizin, die darauf schaut, dass es zunächst dem Körper gut geht, damit es auch der Seele gut geht und dann auch wieder umgekehrt. Und dieser Zusammenhang von Leib und Seele gilt nicht nur für Sport und Medizin, sondern natürlich auch für die Liebe. Zuerst begegnen wir uns körperlich. Wir finden eine Frau oder einen Mann erst mal äußerlich attraktiv, ganz oberflächlich gefallen uns das Aussehen, die Erscheinung, die Stimme, der Geruch oder die Bewegungen eines Menschen. Nur so ist auch eine Liebe auf den ersten Blick möglich, bei der man nicht viel oder gar nichts über das Wesen und die Persönlichkeit eines Menschen weiß. Der Körper ist die Hülle, das Haus, der Transporteur der Seele. Und ihn nehmen wir eben als erstes wahr. Der Körper ist es dann aber auch, der weiter, tiefer führt in die Seelen der Menschen. Und Menschen verbindet mit einer wortlosen Sprache, die mit dem Streicheln eines Säuglings beginnt und mit der gehaltenen Hand eines Sterbenden endet. Body first. Body last. Ohne Körper keine Seele.

Schönheit

Es gibt Menschen, die sind so schön, da bist du einfach hingerissen. Frauen mit klarem, ebenmäßigem Gesicht, weichen Rundungen, langen Haaren und noch längeren Beinen. Schlanke Männer mit schönen Händen, hoher Stirn und tiefer Stimme. Haben diese schönen Menschen auch noch ein gesundes Selbstbewusstsein, macht sie das noch eindrucksvoller, als sie ohnehin schon sind. Lange war ich fasziniert von diesen Menschen, stand staunend vis à vis, schüchtern fast angesichts ihrer Schönheit und ihres Auftretens. Das hat sich verändert. Ich hatte das Glück zu lernen, dass es auf die äußere Schönheit letztlich nicht ankommt. Nicht nur wegen des Alterns, wenn der Körper nicht mehr so knackig ist und die Haare grau geworden sind. Auch nicht durch Begegnungen mit Menschen, die äußerlich sehr schön waren, aber innerlich irgendwie leer wie schöne Häuser bei Nacht, eindrucksvoll aber ohne Licht und innere Wärme.

Ich hatte das Glück zu lernen, dass jeder Mensch schön sein kann. Den einen macht seine Heiterkeit schön. Den anderen die Art, sich zu bewegen, und wieder eine andere ihre besondere Ausstrahlung. Selbst Menschen, die verschlossen sind oder den gängigen Schönheitsidealen nach als hässlich gelten, können schön werden, wenn man sie nur lässt. Wenn ein durch Sorgen oder Krankheit in Falten gelegtes Gesicht sich durch Lächeln entspannt oder von Traurigkeit getrübte Augen durch Zuwendungen wieder Leben bekommen. Und so sehe ich die Menschen heute mit etwas anderen Augen. Ich freue mich noch immer über die Schönen, sehe sie aber gelassener. Die äußerlich nicht ganz so Schönen sehe ich mit Spannung darauf, worin ihre Schönheit liegt und ob ich sie entdecken darf.

Vom Schlafen und Liegen –
Sex und Sprache

Es ist ja schon eigenartig: Gerade bei etwas vom Schönsten, das uns Menschen gegeben ist, haben wir Probleme, es in Worte zu fassen. Je nach Herkunft, Geschmack oder Fähigkeit verlieren wir uns irgendwo zwischen medizinisch-technischer Wortwahl, prüdem Schweigen, derber Gossensprache oder infantilen Verzärtelungen. Wenn man sich hinter Fremdworten versteckt und von *Penis*, *Vulva* oder *Koitus* die Rede ist. Wenn von *Ficken, Bumsen* oder *Vögeln* gesprochen wird und man sich verbal so derb wie eindimensional auf die animalische Seite des Sex beschränkt. Oder genau diese ausblenden möchte, wenn man vom *Kuscheln* spricht. Manche Menschen reden aus anerzogener Prüderie oder aus natürlicher Scham gar nicht darüber oder miteinander, was der sprachlichen Hilflosigkeit in Sachen Sex auch nicht wirklich weiterhilft.

Der Blick in andere Sprachen bringt uns auch nicht weiter, vor allem nicht der nach Amerika, wo das berühmt-berüchtigte »four letter word« *fuck* mit seiner aggressiv dominanten Bedeutung als Schimpfwort in die Alltagssprache eingegangen ist. Auch *to make love* klingt zu mechanisch und so, als ob Liebe ein Gegenstand oder Produkt wäre.

Interessanter ist da schon die Beobachtung bei einer Eingeborenensprache auf den Philippinen. Dort heißt es »*Gott nahe sein*«. Darin klingt der himmlisch schöne Charakter der intimsten zwischenmenschlichen Begegnung an, der durch die international wohl ziemlich ähnlichen Ausrufe bestätigt zu werden scheint, wenn die Liebenden beim Höhepunkt »Oh Gott«, »Jesus« oder »Madonna« schreien.

Schauen wir nach Frankreich: Wir finden *faire l'amour* (siehe Amerika), *baiser*, was nichts mit Gebäck zu tun hat und ursprünglich sich legen, beugen und küssen bedeutet, und: *coucher*, die französische Version des international verbreiteten Ausdrucks *miteinander schlafen*. Eigenartig, wo es doch im Wachzustand, nicht nur nachts und auch nicht nur im Bett geschieht. In der Bibel heißt es übrigens auch *beieinander liegen*, wenn bei der Liebe der Körper ins Spiel kommt.

Liegen und Schlafen. Liegen hat etwas Entspanntes und Existenzielles. Wir liegen, wenn wir ruhen, uns erholen oder uns nahe sind. Bei der Liebe und bei der Zeugung liegen wir, meistens jedenfalls. Frauen liegen größtenteils auch bei der Geburt, wir liegen, wenn wir krank sind oder beim Sterben. Das hat was, nur den Rahmen zu beschreiben und nicht den Kern, das Innerste, worum es geht, beim Sex, bei der körperlichen und seelischen Liebe, bei der Vereinigung zweier getrennter Wesen. Darum ist der Ausdruck *miteinander schlafen* auch nicht der schlechteste: Weil das, was dabei geschieht, so traumhaft schön sein kann. Und weil sich auch die Länge und die Vertrautheit einer gemeinsam verbrachten Nacht darin ausdrückt. Nicht zu vergessen das Erwachen, wenn der erste Blick des Tages auf den gerade geliebten Menschen fällt. Und so ist es wohl wie bei anderen, unbeschreiblich schönen Dingen des Lebens: dass wir an Sprachgrenzen kommen und wir besser in Umschreibungen, Andeutungen oder Rahmungsworten sprechen. Vielleicht auch, weil die menschliche Sexualität eine eigene Sprache ist, bei der die Seele mit dem Körper spricht ...

Erotik

»Eine Geliebte, die dir ihren Körper schenkt, aber nicht ihr Herz, schenkt dir Dornen ohne Rosen.« Kann man Erotik besser erklären als mit diesem persischen Sprichwort? Sex ohne Herz als stacheliges Stimulans, das am Ende wohl nur noch schmerzt. Natürlich gibt es Sex ohne Liebe, zuhauf gibt es ihn. Aus Not, aus Mangel, aus Routine, aus Unfähigkeit, aus Müdigkeit oder aus Fantasielosigkeit. So befriedigend Sex ohne Liebe auch sein mag, er ist schal. Uschi Obermaier, die Hippie-Ikone, sagte einmal, Sex sei ihre Religion, »aber nur mit Liebe. Sex ohne Liebe ist einfach nur traurig und verzweifelt«. Und sie, das ehemalige Groupie, das eine beträchtliche Sammlung an Liebhabern vorzuweisen hat, muss wohl wissen, wovon sie spricht. Die Liebe gibt der Sexualität, wenn man im Bild der Rose bleiben will, Form, Farbe und Duft. Sie gibt der Sexualität Seele, der Sinnlichkeit Sinn, sie macht die Sexualität zur Erotik. Erotik ist gestaltete, gepflegte Sexualität. Damit ist aber weder gemeint, die Sexualität auf einen verzärtelten Kuschelaltar zu stellen noch sie mit kamasutrischen Verrenkungen aufzupeppen. Es geht um Zeit, den Rahmen und die Aufmerksamkeit bei der Erotik, es geht um den ganzen Menschen. Es geht um Bewusstsein und Langsamkeit. Man kann ein gutes Essen gierig hinunterschlingen oder in mehreren Gängen in Ruhe genießen. Es geht um das Spiel von Verhüllen und Enthüllen bei der Erotik. Sicher, nackte Busen oder knackige Pos sind auch für sich genommen spannend, aber verhüllt oder halb verhüllt sind sie oft noch spannender, erotisch, weil es – vielleicht oder hoffentlich – noch etwas zu entdecken gibt. Bei der erotischen Liebe geht es vor allem um die Verbindung von Innen und Außen. Wenn die Seele aus den Augen spricht, die Hände von der Person erzählen oder die Stimme dem Menschen Klang und Namen gibt. So wird die Sexualität aus verschiedenen Korsetts befreit. Aus dem Korsett der Jugendlichkeit, dem Korsett der Schönheitsideale und dem Korsett der Genitalfixiertheit. Wird die Sexualität erotisch, dann muss die Haut nicht immer straff sein, die Nase nicht gerade und man kann jemanden anziehend finden, ohne ihn oder sie gleich auszuziehen, gleich haben zu wollen. Und zu »haben« ist schon gar nichts. Denn besitzen kann man Seelen nie, auch wenn sie sich in erotischen Momenten gelegentlich berühren.

Der Kuss

In »Cinema Paradiso«, einem meiner Lieblingsfilme, hat der Kuss eine Hauptrolle. In dem kleinen sizilianischen Dorf, in dem der Film spielt, verbietet der Pfarrer, die Szenen, in denen geküsst wird, im Dorfkino zu zeigen. Der Filmvorführer muss alle Kussszenen aus den Filmen herausschneiden. Er sammelt diese Szenen und hinterlässt seinem besten Freund nach seinem Tod eine ganze Filmspule mit Kussszenen, vererbt ihm diese aneinandergeschnittenen Küsse wie einen kostbaren Schatz. Eine Ode an die Liebe, die gelebte, geliebte Liebe – symbolisiert, verdichtet in einer endlosen Reihe sich aneinander festsaugender Menschen …

Was wäre das Leben ohne Küsse?! Ohne den ersten Kuss, zaghaft, scheu und zärtlich, ohne Abschiedsküsse, schmerzlich, sich aneinander klammernd, sich nicht loslassen wollend. Ohne Zungenküsse, warm, weich und feucht. Küsse verlangen nach mehr und das Mehr verlangt nach mehr bis zur größtmöglichen Vereinigung zweier Menschen. Aristoteles wird folgende Erkenntnis zugeschrieben: »Omne animal post coitum triste – jedes Lebewesen ist traurig nach der Vereinigung.« Vielleicht sind wir, wenn er denn stimmt, dieser Spruch, traurig, weil uns unser Alleinsein durch seine kurzzeitige Aufhebung in der körperlichen Vereinigung noch viel stärker bewusst wird. Weil durch diese Überschreitung unserer sonstigen Wirklichkeit die Sehnsucht nach Geborgenheit, nach vollkommener Geborgenheit geweckt wird.

Eine Theorie besagt, dass der Kuss aus dem Brutpflegeverhalten entstanden sei. Die Eltern in der frühen Menschheitsgeschichte hätten ihren Säuglingen die Nahrung vorgekaut und sie ihnen dann von Mund zu Mund gefüttert. Und diese Geborgenheit schenkende Ernährungstechnik sei dann in die Anbahnung des Fortpflanzungsverhaltens übergegangen. Ob diese Theorie nun stimmt oder nicht, sie sagt etwas sehr Schönes und sehr Wesentliches über den Kuss aus: Er stillt den Hunger zweier Menschen. Er nährt sie seelisch und körperlich. Mit der Berührung von Lippen und Zungen, dem Geruch des anderen und der Umarmung setzt der Kuss ein Feuerwerk an körperlichen Reaktionen in Gang, die nicht nur berauschend sind, sondern auch gesund. Das Küssen soll Glückshormone freisetzen und das Immunsystem stärken. Seelisch schafft der Kuss eine Verbindung, die das tiefe Bedürfnis des Menschen nach Ganzheit stillt. Und er nährt die Hoffnung, dass die gefundene Nähe, Vertrautheit und Geborgenheit mit genau diesem geliebten Menschen von Dauer ist. Der Kuss ist, auch weil man ihn nicht erzwingen kann, ein Liebesbeweis, vielleicht sogar der glaubwürdigste. Und damit nicht nur eine körperliche Sensation, sondern auch Seelennahrung.

Ekstase

Ecstasy ist eine Droge, die totale Energie verspricht, den super Hochgenuss und die überwältigende Lebenslust. Ekstase eben.

Ekstasen gehören zum Leben, weil die Menschen immer wieder den Ausstieg aus dem öden Normalzustand, aus dem grauen Alltagsleben suchen. Sie wollen mehr, sie wollen's schöner, tiefer, voller und geiler als sonst. Sie wollen über sich und die Welt hinauswachsen, damit sie sich und die Welt tiefer erleben, voller spüren und dadurch vielleicht auch Lebenssinn erfahren können. In jeder Religion, von den Naturvölkern bis zu den sogenannten Hochreligionen gibt es gemeinschaftliche Ekstasen, in die sich Menschen durch Gesänge, Tanz oder Drogen bringen. Fußballstadien oder Love Parades sind moderne Varianten dieser Massenekstasen. Diese Formen der Ekstase sind also nichts Ungewöhnliches und auch nicht so ungesund wie die sehr gefährliche Droge Ecstasy. Es gibt gesündere und natürlichere Wege, sich in Ekstase zu bringen als mit Pillen. Durch die Liebe zum Beispiel, bei der es nicht nur um eine Lebenshaltung geht, sondern gerade auch um die Ekstase, dieses Außer-sich-Sein zu zweit, dieses Sich-Vergessen und Aussteigen aus Raum und Zeit. Oder durch den Sport, wo man sich im Spiel, im Jubel und in den Gesängen vergessen kann.

Natürlich ist nicht jede Form der Ekstase religiös und ich will niemandem etwas unterjubeln, der nur ganz einfach seinen Spaß will, aber für mich als gläubigen Menschen gibt es Spuren des Göttlichen in der Welt und für eine ganz deutliche Spur halte ich diesen tiefen Drang des Menschen nach Ekstase. Dieser Wunsch, das Lebensgefühl so weit zu steigern, bis die Mauern zwischen den Menschen fallen, bis alles eins wird und man eine kleine Ewigkeit lang eintauchen darf in die Glückseligkeit. Als wäre es im Menschen angelegt, sich über die Welt hinaus nach Gott hin auszustrecken.

Eintauchen

Es beginnt in den Augen. Mit diesem besonderen, vorder-gründig-hintergründigen Blick. Ein Blick, der schon wei-ter ist als die Körper. Bei dem Kleider in atemberaubender Geschwindigkeit in alle Himmelsrichtungen fliegen oder zu genüsslich verzögernden Enthüllungsteilen werden – in einem sinnlichen Spiel.

Ein Spiel, das schnell oder langsam gespielt wird, ernst oder heiter, zart oder hart, laut oder leise, aber immer mit Hän-den, Mund und Hüften.

Mit Händen, die Formen der Körper nachzeichnen, die Linie der Lippen, die Höhle der Achsel, den Halbkreis der Brüste oder die Rundung des Pos. Mit Händen, die suchen und finden und immer wieder verschwinden hinter, unter und in den liebenden Leibern. Mit Händen, die verborgene Stellen entdecken, geheime, besonders feine Partien des größten Sinnesorgans Haut. Die unendlich zarte Innenseite der Schenkel von Frauen oder den eleganten Bogen männ-licher Lenden. Hände, die zupacken, greifen und festhal-ten, wenn der Verstand sich verliert und sich die Hüften aneinander drängen.

Mit Mündern, festgesaugt zu einem geschlossenen System der Lust, dessen Laute wild, genüsslich und schmerzvoll klingen, auch nach Geburt und Tod. Eine eigene Sprache, stöhnend und stammelnd, zeit- und grenzenlos ...

Bei der Liebe sprechen die Körper. Mit Lippen, die keine Worte bilden, sondern Brücken. Brücken, die Lücken und

Räume zwischen getrennten Wesen schließen, warm, weich und feucht. Und erinnern an ferne, vorgeburtliche Zeiten, an Meer und Mutterleib ... im Liebesbad zwischen den Laken, bei dem die Liebenden eintauchen, einer in den anderen.

Dieses altbekannte, immer wieder neue Eintauchen, Eindringen, Empfangen, Geben und Nehmen, das anfangs wie nach Hause kommen ist. Das sich hochschaukelt, hochtreibt, hochstößt in Sphären, die nicht verlassen werden wollen, was aber genau da passiert, wo es am höchsten, schönsten und fernsten ist von dieser Welt. Und einen jäh aus dem zeitlosen Sichvergessen stürzt, in diese allzu bekannte Mischung aus vertrauter Enttäuschung und wohliger Erschöpfung. Und sich wiederfindet in den Augen, in denen alles begann.

Sex wichtig nehmen, aber nicht zu wichtig

»Sex ist keine Lösung«, heißt ein Programm des Kabarettisten Arnim Töpel. Dieser Titel deutet augenzwinkernd die überfrachtete Bedeutung von Sexualität in Beziehungen an. Sex ist wichtig, er ist ein wesentlicher Bestandteil einer glücklichen Beziehung. Er ist aber nicht alles, sondern gehört zu einer Partnerschaft wie das Reden, die Zeit miteinander, Kinder, gemeinsame Interessen oder Ziele. Zärtlichkeit und Sex gehören zur partnerschaftlichen Balance, zur Ausgeglichenheit, zum immer wiederkehrenden Rhythmus von Spannung und Entspannung. Beim Sex werden Aggressionen abgebaut, seelische oder körperliche Blockaden gelöst, verschlossene Kanäle wieder geöffnet.

»Männer reden mit Frauen, um mit ihnen zu schlafen, und Frauen schlafen mit Männern, um mit ihnen reden zu können.« Dieser Spruch ist nicht nur ein Beispiel lebenskluger heterosexueller Berechnung, sondern auch für den untrennbaren Zusammenhang von körperlichem und seelischem Austausch. Worte allein bringen's nicht, die Körper »beweisen«, bekräftigen, bestätigen nonverbal die Zusammengehörigkeit der Partner, die Stimmigkeit der Beziehung. Wie Worte können auch Körper die Seele öffnen. Denn nirgendwo zeigt sich der Mensch so offen und so nackt wie beim Sex, innerlich und äußerlich. In all seiner Verletzlichkeit, in all seiner Sehnsucht nach Ganzheit, in all seiner körperlichen Stärke und Begrenztheit.

Doch so wichtig, so elementar und integrativ die Sexualität auch ist, sie ist nicht die ganze Beziehung. Also den Ball flach halten, auch wenn sich in der Gesellschaft so viel um Sex dreht und wir fast überall mit erotischen Signalen und sexuellen Stimulatoren konfrontiert werden. Es gibt Paare, die grundsätzlich oder zeitweilig mit wenig oder ganz ohne Sex auskommen. Sei es aus körperlichen oder seelischen Gründen oder weil Sex ihnen nicht so wichtig ist oder sie ihn einfach nicht brauchen. Die individuelle Sexualität, und erst recht, wenn sich zwei Individuen gefunden haben, ist so verschieden wie die Menschen verschieden sind. Wichtig ist, dass es für sie und nur für sie stimmt, dass beide zufrieden, befriedigt und glücklich sind. Da gibt es keine Regeln. Nicht hinsichtlich der Häufigkeit und nicht hinsichtlich des Wie – das ist allein Sache der Partner, die sich da finden müssen. Wenn es überhaupt eine Regel gibt, dann die, dass die Sexualität der Kultivierung bedarf, der Pflege, der Gestaltung, damit auch sie nicht zur Routine oder gar zur (ehelichen) Pflicht wird. Wie in all den anderen Bereichen der Beziehung auch. Darum gilt es, die Sexualität wichtig, aber nicht zu wichtig zu nehmen. Sie weder zu unterdrücken, noch sich von ihr versklaven zu lassen, sie weder zu tabuisieren noch sie auf den Altar zu heben. Sie nicht *zu* wichtig zu nehmen, weil sie zur Partnerschaft gehört wie Essen und Trinken zum Leben. Sie *schon* wichtig zu nehmen, weil sie die Partner zusammenführt und zusammenhält in ihrer gemeinsamen Suche nach ihrem Selbst.

Liebeskummer –
Liebesleid

Love is a big scary animal

»Love is a big scary animal – die Liebe ist ein großes, furcht-erregendes Tier«, so heißt es in einem Popsong von Belinda Carlisle. Das hört sich überraschend an und provozierend. Die Liebe als Angst einflößende Bedrohung? Ja, das ist schon was dran. Liebe ist eben nicht nur auf Wolke Sieben schweben und Schmetterlinge im Bauch, und auch nicht nur platonische Vertrautheit oder christliche Nächsten-liebe. Sie hat mit all ihrer Kraft auch bedrohliche und zer-störerische Seiten. Die Liebe kann so tierisch stark sein, dass sie in Hass und Gewalt umschlägt, wie wir fast täglich in den Blut- und Gräuslichkeitsseiten der Zeitungen nachle-sen können.

Es gibt aber auch noch eine andere angsteinflößende Seite der Liebe. Wer liebt, ist verletzlich und den Gefühlen ausge-liefert. Gefühle, die angenommen, aber auch abgelehnt werden können. Wer liebt, ist immer in der schwächeren Position, hat mir mal jemand gesagt. Und das finde ich bestätigt in einer Freundin, deren Mann sich von ihr getrennt hat, während sie ihn noch liebt – haltlos, hilflos, verzweifelt. »Die Liebe höret nie auf«, heißt es an einer sehr schönen Stelle in der Bibel. Bitter, ganz bitter muss Men-schen mit Liebeskummer so ein Satz erscheinen. Dass Liebe aber tatsächlich auch aufhören und zerstört werden, ja sogar in Hass umschlagen kann, das ist eine traurige Wahr-heit. Eine Wahrheit, die Angst machen kann, sich je wieder auf dieses Gefühl einzulassen.

Was sage ich einem Menschen, der sich nicht mehr traut, sich auf das Wagnis Liebe einzulassen? Der nur müde abwinkt, wenn ich ihm sage, dass die Zeit auch diese Wunde heilen wird? So verrückt es klingt, auch in dieser Situation sage ich, dass wir jetzt einfach nur versuchen können, auf die Liebe zu vertrauen. Auf diese wunderschön-schreckliche Kraft. Trotz aller schwierigen Beziehungskisten, trotz allem Scheitern und allem Schmerz. Darauf zu vertrauen, dass sie nicht nur die verletzende Seite hat, die jetzt so unmäßig weh tut. Dass sie da ist. Dass sie wiederkommt. Aus den Ritzen der seelischen Verkrustungen, wie Mauerblumen, die sich mit zarter Kraft ihren Weg durch den Stein schaffen. Auch wenn sie tot scheint, kommt sie doch immer wieder, die Liebe. So wie der Frühling auf den Herbst und den Winter folgt. Ja, ich weiß, das klingt wie gut gemeintes romantisches Gelaber zu Tröstungszwecken. Aber wie bitte lässt sich dieses große furchterregende Tier mit Namen Liebe anders zähmen, als wieder und wieder mutig zu ihm in den Käfig zu steigen?

Liebesbriefe

Ein hell loderndes Feuer an einem trüben Dezembersonntag. Ich bin auf dem Weg zu meiner Joggingstrecke im Wald. Am Waldrand ist ein Grillplatz. Dort stehen zwei junge Frauen und werfen Papiere aus einer Kiste in das Feuer hinein. Das warme Feuer an einem grauen Dezembertag und die beiden Frauen gefallen mir.

In unaufdringlicher Entfernung bleibe ich stehen und frage die, die die Papiere ins Feuer wirft: »Prüfungsunterlagen oder Liebesbriefe?« Sie antwortet: »Raten Sie mal!« Und ich sage: »Prüfungsunterlagen.« Sie verzieht das Gesicht und schüttelt den Kopf. Au weh, eine Kiste mit Liebesbriefen und sie verbrennt sie. Die schönsten Worte, die es zu schreiben und zu lesen gibt, macht sie zu Asche in einem letzten Feuer, das die graue Dezemberwelt erhellt und wärmt. Das ist schön und traurig zugleich. Wie ihr Gesichtsausdruck.

Vielleicht deshalb erzähle ich ihr von einem Buch, in dem ich, wie es der Zufall will, genau zwei Tage davor gelesen habe. Es heißt »Love Letters« und besteht aus tausend Liebesbriefen. Ein ganz wunderbares Buch, das mich sehr berührt hat. Mit Texten so schön, verrückt, bezaubernd, traurig und herrlich, wie das Leben nur sein kann. Ein Berliner Künstler hat Menschen aufgerufen, ihm ihre schönsten Liebesbriefe zu schicken, damit er ein Haus damit umhüllen, sozusagen ein Haus der Liebe bauen kann. Er hat 100 000 Briefe bekommen und das Haus gebaut.

Ein Feuer aus Liebesbriefen – und ein Haus aus Liebesbriefen. Die Frau am Waldrand verbrannte ihre Liebesbriefe weiter, aber ihr Gesichtsausdruck schien ein wenig heller geworden zu sein. Ich denke, das lag am Feuer ...

Autobahnbekenntnis

Es war eines dieser Autobahnbekenntnisse. Auf einer Autobahnbrücke stand in großen Buchstaben, so, dass es alle, die darauf zufahren, es lesen können: *Christian, ich will*. Hat man ja schon öfter gesehen, diese öffentlichen Liebesbeweise. Und bei diesem? Was will er oder sie von Christian? Vielleicht eine Beziehung eingehen, mit ihm schlafen oder ihn heiraten? Für diese Spekulationen war gerade Zeit bis zur nächsten Autobahnbrücke. Dort war noch eine Botschaft zu lesen: *dich nicht*. Peng! So verkehrte sich die erste Brückenbotschaft in das genaue Gegenteil. Das gibt's schon eher selten, eine derartige öffentliche Ablehnung, wenn nicht Abrechnung auf Autobahnbrücken. Das ist schon knallhart, dass Christian so, vielleicht auf dem Weg zur Arbeit, das Ende seiner Beziehung mitgeteilt wird. Und dann vielleicht auch noch täglich daran erinnert wird, falls er oder die Autobahnmeisterei das Graffiti nicht wegschrubbt. Diese Gedanken reichten gerade noch bis zur Frage, welche Verletzungen dazu geführt haben mögen, dass sich jemand so öffentlich von einem Menschen trennt, als mit der dritten Autobahnbrücke die letzte Botschaft auftauchte: ... *verlieren. Deine Sarah*. Irre! Der Einfall, diese Botschaft per Autobahnbrücken zu vermitteln, die Mühe, diesen Satz dort hinzupinseln, und die Erkenntnis für mich, dass man erst Bescheid weiß, wenn man alle Teile einer Geschichte kennt. Zum Beispiel eine mit verzweifelt öffentlichen Sätzen wie »*Christian, ich will dich nicht verlieren!*«

Kinder, denen es an Liebe gefehlt hat

»Natürlich liebte der Vater nicht alle seine Kinder gleichermaßen. Mich mochte er nicht.« Dieser Satz kann einen ins Mark treffen. Die oberschwäbische Schriftstellerin Maria Beig schreibt das so nüchtern und selbstverständlich, als ob es das natürlichste der Welt sei, dass Eltern ihre Kinder nicht alle gleich lieben. Mit ihren knappen Worten beschreibt sie eine der schmerzlichsten Erfahrungen, die Kinder machen können: dass ihr Vater oder ihre Mutter sie weniger lieb haben als ihre Geschwister oder schlimmstenfalls gar nicht. Eine solche Erfahrung schleppen Menschen ihr Leben lang mit sich. Sie ist so uralt wie zeitlos und leider auch wie ein ungeschriebenes Gesetz in den Beziehungen der Menschen: Liebe erzeugt Liebe. Und verweigerte, vorenthaltene, nicht gegebene Liebe reißt eine Wunde in die Seele der Menschen, die sehr schwer zu heilen ist.

Die Schriftstellerin Maria Beig hat das Schreiben als Heilmittel entdeckt. Mit 58 Jahren hat sie angefangen zu schreiben und in ihrem 15. Buch ihre Lebenserinnerungen beschrieben. Nun kann nicht jeder Mensch Schriftsteller werden. Wie können Menschen, denen es in der Kindheit an Liebe gefehlt hat, diese Wunde schließen, sie so vernarben lassen, dass sie sie nicht mehr plagt?

Vielleicht, indem sie versuchen herauszufinden, was sie können, wer sie sind, wie wertvoll sie sind und wie viele Menschen sie heute für liebenswert halten oder lieben.

Vielleicht durch viele kleine Zuwendungen, durch einzelne Liebesbeweise, ungezählte Liebeszeichen derer, die geliebt wurden und werden. Vielleicht mit Hilfe einer Seelsorgerin oder eines Therapeuten. Vielleicht durch einen Glauben, der ihnen spürbar vermittelt, dass Gott jeden Menschen liebt und dass bei ihm die grenzenlose Liebe zu finden ist, die Menschen leider nicht immer, allen und überall geben können. Und vielleicht durch die eine große Liebe eines Menschen, der um die Wunde des anderen weiß und ihn mit dieser Wunde liebt.

»What can I do to make you love me?«

What can I do to make you love me? Der Refrain dieses Songs geht mir nicht aus dem Kopf. Was kann ich tun, dass du mich liebst? Wer schon einmal unglücklich verliebt war, weiß, wie weh das tut, nicht auf Gegenliebe zu stoßen. Es hat einen voll erwischt, man ist verliebt bis über beide Ohren, macht die Tür so weit auf wie ein Scheunentor, alle Sinne schreien den Namen der geliebten Person – und genau die bleibt davon unberührt. Sie kann nicht oder will nicht. Es hat nicht gefunkt bei ihr, der Blitz hat nicht eingeschlagen. Das Wunder findet nicht statt.

What can I do to make you love me? Gar nichts kann man tun. Es ist furchtbar und wunderbar zugleich, dass man Liebe nicht erzwingen kann. Liebe kann man sich nur schenken lassen. Sie passiert. Sie ist da. Sie ist. Na prima, werden die vom Liebeskummer Geplagten sagen und fragen: Was nützt mir das? Nichts, denn wenn die abgewiesene Liebe nicht wehtäte, wäre sie auch keine echte Liebe. Also muss dieser Schmerz sein. Aber die an der Liebe Leidenden dürfen sich nur nicht festbeißen darin. Und auch nicht klammern an diesen einen Menschen, in den sie nun so schmerzhaft verliebt sind. Denn die Liebe ist nicht beschränkt auf nur diesen einen, es gibt noch viele andere liebenswerte und liebende Menschen. Und vielleicht führt ja gerade dieses unglückliche Verliebtsein zu der Liebe, bei der eine Frage nie gestellt werden muss: What can I do to make you love me?

Ausgeliebt

SACHLICHE ROMANZE

Als sie einander acht Jahre kannten,
(und man kann sagen: sie kannten sich gut),
kam ihre Liebe plötzlich abhanden,
wie anderen Leuten ein Stock oder Hut.

Sie waren traurig, betrugen sie heiter.
Versuchten Küsse als ob nichts sei
und sahen sich an und wussten nicht weiter.
Da weinte sie schließlich und er stand dabei.

Vom Fenster aus konnte man Schiffen winken.
Er sagte, es wäre schon Viertel nach Vier
und Zeit irgendwo Kaffee zu trinken.
Nebenan übte ein Mensch Klavier.

Sie gingen ins kleinste Café am Ort
und rührten in ihren Tassen.
Am Abend saßen sie immer noch dort.
Sie saßen allein, und sprachen kein Wort
und konnten es einfach nicht fassen.

Dieses Gedicht stammt von Erich Kästner, einem Schriftsteller, der sonst leichtere Geschichten schrieb, »Das fliegende Klassenzimmer« zum Beispiel oder »Emil und die Detektive«. Sein Gedicht bringt eine aussichtslose Situation gnadenlos auf den Punkt: »Ausgeliebt« heißt die moderne Variante einer totgelaufenen Liebesbeziehung. Seltsam absurd, schwerelos und zugleich bleischwer fühlen sich zu Ende gehende Beziehungen an. Sie haben etwas Totes an sich. Und so fassungslos wie bei Todesfällen stehen sich die Menschen manchmal gegenüber, wenn sie wissen, dass es nicht mehr weitergeht, dass sie sich trennen müssen. Wie bei Todesfällen müssen die sich Trennenden richtig trauern, um das Scheitern, die Zurückweisung und die Einsamkeit zu verarbeiten. Sie müssen Trauerarbeit leisten, um auch die Schuld zu verarbeiten, die bewusst oder unbewusst bei jeder Trennung mitschwingt. Es ist zwar sehr schmerzlich, aber letztlich heilsam, wenn sie die emotionalen Wechselbäder von Ablehnung und Annahme der neuen Lebenssituation zulassen. Wenn sie diese Phasen durchstehen, können sie sich vom bisherigen Partner lösen und auch wieder mit sich selbst ins Reine kommen. Sie müssen trauern, um sich wieder verlieben zu können, um offen zu sein für neue Beziehungen, die vielleicht mehr Glück haben und auch glücklich bleiben.

Steh auf und iss

Es gibt Momente im Leben, da bist du am Boden. Kraftlos, wie erschlagen, leer und ohne Perspektive. Und wenn dir überhaupt noch Worte kommen, dann solche wie »Warum«, »Ich kann nicht mehr« oder »Ich will nicht mehr«. Meist führen Streit, Trennung oder Tod zu solchen existenziellen Erschöpfungssituationen. Menschen in einer solchen Situation zu helfen ist schwer. In einem meiner Lieblingstexte der Bibel geht es genau darum. Wie gehe ich mit einem Menschen um, der am Boden ist? Der Text geht weit zurück in die Geschichte Israels. Er handelt vom Propheten Elia. Propheten waren Männer, die kein Blatt vor den Mund genommen und sich – manchmal bis zur völligen Erschöpfung – für die Menschen und ihre Religion eingesetzt haben. Einer der kernigsten dieser Propheten war Elia. Völlig fertig von den lebensgefährlichen Auseinandersetzungen mit seinen Gegnern flüchtet er in die Wüste und will sterben. Er setzt sich unter einen Ginsterstrauch und sagt: »Es ist genug, Herr. Nimm mein Leben ...«, legt sich hin und schläft ein. Da kommt ein Engel, berührt ihn und sagt: »Steh auf und iss!« Elia setzt sich auf, schaut um sich und sieht ein Stück Fladenbrot, frisch gebacken in glühender Asche, und einen Krug Wasser. Elia isst, trinkt und legt sich wieder hin. Da kommt der Engel ein zweites Mal, rührt ihn an und sagt: » Steh auf und iss, sonst ist der Weg zu weit für dich!« Elia steht auf, isst, trinkt und wandert durch diese Speise gestärkt weiter.

Ich mag diese Geschichte sehr. Weil sie so reduziert ist, so klar: ein Mensch, der fix und fertig ist, Brot, Wasser und ein Engel. Es ist mir nicht so wichtig, ob dieser Engel nun als »echter« Engel zu sehen ist. Wichtig ist mir an der Geschichte, wie wunderbar einfach dieses wahrhaft himmlische Wesen mit einem Menschen umgeht, der am Ende ist. »Steh auf und iss!« Keine großen Worte, keine guten Ratschläge und keine moralischen Appelle, sondern nur: »Steh auf und iss!« Bleib dran am Leben. Komm erst mal wieder zu Kräften. Und schlafe. Schlaf den Schlaf, der für die Menschen so heilsam ist, wenn sie erschöpft sind an Leib oder Seele. Und noch etwas: Der Engel bleibt da, er bleibt bei dem, der sich erholen muss. Und erst als *der* wieder kann, erinnert er ihn sanft daran, dass das Leben weitergeht. Und dann geht Elia weiter ...

Gut auseinandergehen

Scheidung. 187 027 Ehen wurden im Jahr 2010 geschieden. 374 054 Frauen und Männer haben damit ihre Beziehungskrise beendet. Eine Scheidung ist mit Sicherheit das Ende eines oft langen Weges mit vielen Höhen und Tiefen, Hoffnungen und Enttäuschungen. Trennungen von einem Partner gehören – neben Todesfällen – zu den größten Belastungen im persönlichen Leben. Für alle Beteiligten, nicht zuletzt für die Kinder, die sehr stark unter den Beziehungsproblemen ihrer Eltern leiden. Denn sie lieben ihre Eltern vorbehaltslos. Und zwar beide, egal, wer nun Schuld an den Problemen hat. Das wissen, vielmehr spüren die Eltern und das belastet sie noch zusätzlich. Und wenn es dann in der Ehe einfach nicht mehr weitergeht, weitergehen kann, dann müssen alle Trauerarbeit leisten, damit die seelischen Belastungen weniger werden und irgendwann einmal endlich aufhören. Diese Trauerarbeit beginnt mit dem Abschiednehmen. Bei Eheberatungsstellen gibt es einen Text, den sich die Geschiedenen geben, ich glaube, sogar einander vorlesen, damit sie bewusst und gut auseinandergehen können. Damit sie frei sein können für einen neuen Anfang. In diesem Text sagt der Mann:

Ich nehme, was du mir gegeben hast.
Ich danke dir dafür und halte es in Ehren.
Und du kannst nehmen, was ich dir gegeben habe.
Ich hab's gern getan.

An dem, was schiefgegangen ist zwischen uns,
nehme ich meinen Teil als Verantwortung,
und ich lasse dir an deinem Teil deine Verantwortung.
Als Vater unserer Kinder würdige und achte ich dich,
und ich will, soweit es an mir liegt, weiter mit dir
zu ihrem Wohl zusammenwirken.
Als Partner verabschiede ich mich von dir
und wünsche dir alles Gute.
Leb wohl, gehe deinen Weg nun ohne mich,
so wie ich jetzt meinen Weg gehen werde ohne dich!

Das liest sich so nüchtern wie traurig, aber ich denke, es ist sehr hilfreich so auseinanderzugehen. Weil es das Scheitern von Beziehungen nicht beklagt oder moralisch verurteilt, sondern als Tatsache anerkennt. Weil es die guten Seiten, die es in jeder Beziehung gab, auch wenn sie gescheitert ist, sieht und würdigt. Und weil es von einem sehr menschlichen Wohlwollen geprägt ist, das über allen Schmerz und über alle Enttäuschung hinaus den Partner wieder freigibt und die Verantwortung für die gemeinsamen Kinder beibehält.

Scheidungskinder

Für Kinder bricht eine Welt zusammen, wenn die Eltern auseinandergehen. Auch wenn sich diese oft und heftig gestritten haben, ist es für sie doch undenkbar, dass ihre Eltern sich trennen könnten. Aber manchmal geht es einfach nicht mehr und dann lieber ein Ende mit Schrecken als ein Schrecken ohne Ende. Und der Schrecken ist gewaltig für die Kinder. Es ist ein Riss durch ihre Seele, wenn nicht mehr beide Elternteile bei ihnen sind. Denn Kinder sind feinfühlig und treu, ja, fast konservativ, aber im positiven Sinn. Sie wollen bewahren, was ihnen kostbar ist, behalten, was sie lieben. Und das sind zuallererst ihre Eltern, und zwar beide, egal, wer die Schuld trägt, egal, wer letztlich die Trennung vollzieht. Kinder lieben beide Elternteile bedingungslos, ohne Vorbehalte. Sie brauchen Vater und Mutter wie Schlafen und Wachen, wie Essen und Trinken. Und wenn ein Teil fehlt, dann sind auch sie nicht mehr ganz. Natürlich spüren das die Eltern und das gibt ihnen zu allen Streitigkeiten und Trennungsschmerzen auch noch Schuldgefühle. Und oft ist es eben wegen dieser Schuldgefühle so, dass die Eltern wegen der Kinder zusammenbleiben. Ich glaube nicht, dass das richtig ist, denn Kinder haben eine sehr feine Antenne dafür, ob es stimmt zwischen den Eltern oder nicht. Und ich glaube, es ist schlimmer für sie, über Jahre hinweg versteckt in Unfrieden zu leben oder offenen Streit ertragen zu müssen. Dann ist es wohl besser, sie müssen die Trennung ihrer Eltern aushalten lernen. Damit müssen sie aber schon als Kinder erwachsen werden, sich vor ihrer Zeit mit Dingen auseinandersetzen, denen sie erst später in ihrem Leben begegnen sollten. Aber wenn ihnen beide Elternteile trotz der Trennung echt verbunden bleiben – ihnen also Zeit schenken und nicht nur Geld, Interesse statt Geschenke, dann könnten es die Kinder ohne Schaden überstehen und vielleicht gelingt ihnen später einmal das, was ihren Eltern nicht vergönnt war.

Neutrale Zonen

Es gibt immer wieder Zwischenzeiten im Leben. Ich habe gelernt, dass man sie leben, oft auch aushalten muss, damit man in die nächste Lebensphase eintreten kann. Neutrale Zonen werden diese Zwischenzeiten auch genannt. Die Zeiten nach einer Trennung oder die Zeiten zwischen den Paarbeziehungen und der Elternphase. Die Phase, zwischen dem Berufsleben und der Rente oder zwischen der Trennung oder dem Tod des Partners und der Zeit danach. Die neutralen Zonen sind das Niemandsland zwischen dem, was war, von dem ich mich verabschieden muss, und dem, was noch nicht ist, aber kommt, kommen muss, damit das Leben lebendig bleibt.

Alle Psychologen und Theologen raten Menschen in den neutralen Zonen, diese auszuhalten, mit allen Schmerzen, mit aller Orientierungslosigkeit und aller Trauer, die es dabei auch gibt. Und nicht zu versuchen, sie mit Ablenkung und Betriebsamkeit zu überdecken. Das ist leicht gesagt, ich weiß, aber schwer getan und auch schwer auszuhalten. Es ist vielleicht leichter, wenn man sich ab und zu eine Auszeit und immer wieder genügend Zeit für sich selbst nimmt. Es ist auch leichter, wenn man eine Begleiterin oder einen Begleiter dabei hat, die den eigenen Stillstand zulassen und aushalten können. Weil sie wissen, dass es nicht dabei bleibt. Weil sie wissen, dass in der Winterstarre schon der Frühling steckt. Und dass es Zeit braucht, bis das Leben wieder blüht und sprießt. Darum lohnt es sich auf jeden Fall, diese

Zwischenzeiten zuzulassen, sie zu spüren, zu leben, sie reifen zu lassen. Damit ich in die neue Lebensphase hineinwachsen kann. Damit ich mich entwickeln kann in diesem meinem Leben. Denn das Leben ist Entwicklung. Von seinem Anfang bis zu seinem Ende.

Sieben Wege aus der seelischen Krise

Es gibt Ereignisse, die einen Menschen innerlich in die Knie zwingen können. Liebeskummer und Liebesleid gehören dazu, individuelle Lebenskrisen, Trennungen jedweder Art. Es gibt aber auch Wege, wieder auf die Beine zu kommen. Therapeuten und Seelsorger sprechen von sieben Wegen, die helfen können, seelisch widerstandsfähig zu sein oder wieder zu werden. Diese sieben Wege möchte ich beschreiben. Nicht als kleine Instant-Packung zur Überwindung von Schicksalsschlägen, sondern als erprobte Lebenserfahrungen dafür, wie sich die Seele erholen kann.

Als erstes gehören soziale Kontakte zu diesen sieben Wegen: eingebunden sein in eine Familie, in ein Netz von Freunden oder in eine Glaubensgemeinschaft. Es kommt auf die Balance an: sich Phasen der Einsamkeit zuzugestehen, wenn es einem schlecht geht, aber nicht in der Einsamkeit stecken zu bleiben, sondern Gesellschaft zuzulassen und sich auch mal helfen zu lassen.

Zweitens: Krisen, Schicksalsschläge, nicht verdrängen, sich nicht in ihnen verlieren und sie auch nicht als unüberwindliche Probleme ansehen. Man kann wachsen an ihnen, reifen, auch wenn es wehtut, vielleicht sogar *weil* es wehtut. Die Schmerzen aushalten im Wissen, dass sie weniger werden. Und sich ruhig auch an diesem Wissen festhalten.

Drittens: Nicht die Zukunft aus den Augen verlieren. Realistische Ziele für das Leben nach der Krise entwickeln. Schritt für Schritt.

Viertens: Die Opferrolle verlassen. Trotz aller Belastungen versuchen, das Lebensheft nach und nach wieder in die Hand zu nehmen. Rausgehen, sich grade machen oder sich wehren – je nach dem, was notwendig ist.

Fünftens: An die eigene Fähigkeit glauben. Was auch geschehen ist, ich kann es überstehen, ich will es verarbeiten und mein Leben dann, sicher verändert, weiterleben. Und wenn dieser Gedanke auch nur im Kopf ist, irgendwann wird er auch wieder im Herzen sein.

Sechstens: Eine Langzeitperspektive einnehmen. Auch und gerade, wenn es jetzt so düster aussieht: Es gab ein Leben vor der Tragödie und es gibt eines danach. Wo sehe ich mich zum Beispiel in fünf Jahren? Wo möchte ich mich sehen?

Siebtens und letztens: für sich selbst sorgen, gut mit sich selbst umgehen. Dazu gehört, Wut, Trauer und Tränen zuzulassen. Aber auch der Spaziergang, die Tafel Schokolade, der Kinobesuch oder die Massage. Damit mit dem Leib auch immer wieder die Seele gestreichelt wird.

Versöhnung

Meine Eltern haben sich getrennt, als ich 15 war. Man könnte meinen, dass einem das mit 15 nicht mehr so viel ausmacht. War aber nicht so, zumindest nicht bei mir. Obwohl die Ehe meiner Eltern schon seit Jahrzehnten nicht gut war und mich die vielen Streitereien furchtbar genervt hatten, fand ich die Trennung schlimm und ich vermisste meinen Vater, der ausgezogen war, sehr.

Ein, zwei Jahre nach seinem Auszug hatte ich einen Ferienjob in dem Büro, in dem meine Mutter arbeitete. Mit dem Zug fuhren wir vier Wochen lang zusammen zu diesem Betrieb. Die Fahrt dorthin führte am Büro meines Vaters vorbei und jeden Morgen stand er am Fenster und winkte uns zu, wenn wir vorüberfuhren. Dieses Bild sitzt tief in meiner Seele. Weil es trotz aller Probleme und Verletzungen, die es damals gab, eine große Verbundenheit zeigt. Eine Treue jenseits von Streit und Trennungen. Und weil es eine tiefe Sehnsucht ausdrückt. Die Sehnsucht nach Versöhnung ...

Liebe lebenslänglich? – Fragen um Ehe und Treue

Ich warte auf dich

Ich warte auf dich. Das kann heißen: Du bist langsam und ich ungeduldig.

Ich warte auf dich, kann aber auch ein Versprechen sein. Zum Beispiel, wenn mir der Mensch, den ich liebe, sagt: Ich werde da sein, wenn du wiederkommst. Ein wunderschönes Versprechen. Treue ist ein anderes Wort dafür. Wenn ich mich darauf verlassen kann, dass der Mensch, den ich liebe, aushält. Es aushält, meine Gedanken nur noch zu lesen oder am Telefon zu hören. Es aushält, meine Gefühle nicht zu sehen, zu hören oder zu spüren. Wenn der Mensch, den ich liebe, es aushält, andere nicht auch so zu lieben wie mich.

Ich warte auf dich, das ist ein Satz, der am Bahnsteig gesprochen wird oder in Flughäfen. Mit einem Kloß im Hals, heiserer Stimme und einem Schmerz im Herzen, der ein bisschen mit Sterben zu tun hat. Denn wie auch beim letzten großen Abschied ist der geliebte Mensch bei jeder längeren Trennung in diesem Leben einfach weg. Nur dass ich hier auf seine Rückkehr, diese irdische Form der Auferstehung, hoffen kann. Ich kann hoffen auf das Wunder der Ganzheit, auf die Geborgenheit nach dem Alleinsein, auf die Erfüllung meiner Sehnsucht.

Ich warte auf dich, dieser kleine starke Satz ist für mich mehr als nur ein sprachlicher Ausdruck von Treue und Geduld. Er ist für mich ein Satz wie ein Anker – auf festem Grund und mit Verbindung nach oben.

Treue

Altmodische Worte wiederbelebt: Was eigentlich ist Treue?
Ein Mangel an Gelegenheiten, heißt es flapsig. Neudeutsch
wird die Treue auch serielle Monogamie genannt: treu sein
sozusagen einzeln, nacheinander. Hunde werden ohne
Scheu als treu bezeichnet. Aber diese fraglose Unterwerfung kann's ja wohl auch nicht sein. Also was ist denn dann
Treue und warum liegt den meisten Jugendlichen heutzu-
tage so viel an dieser altertümlichen Verhaltensweise? Weil
Treue ist wie ein Baum. Wie die Wurzeln eines Baumes
reicht die Treue in die Tiefe einer Beziehung und versorgt
sie mit Leben. Vertrauen ist das Wasser, das durch diese
Wurzeln ins Bauminnere fließt und ihn lebendig hält.
Jeder Treuebruch ist wie ein Schlag an die Wurzel. Manch
einer oder eine fühlt sich wie entwurzelt, nachdem das Vertrauen in eine Beziehung zerbrochen ist. Die Treue reicht
aber nicht nur in den Grund, gibt Bodenhaftung oder
Urvertrauen. Sie streckt auch die Fühler aus in die Zukunft
wie der Baum die Äste in den Himmel. Treue sagt, dass eine
Beziehung Perspektiven hat – und zwar nicht nur rück-
wärts, sondern gerade auch vorwärts. Wenn sich die Jahres-
zeiten auch ändern und Wind und Wetter an dem Baum
rütteln, die Treue lässt eine Beziehung in die Tiefe wachsen,
fest stehen und ein Stück Himmel sehen.

Wir trauen uns

Wir trauen uns – dieser herrlich doppeldeutige Satz steht auf der Karte, mit der mein Freund zu seiner Hochzeit einlädt. Ja, es ist soweit. Er und seine Freundin trauen sich, einander dieses Wahnsinnsversprechen zu geben: Treue auf Lebenszeit. Bis dass der Tod euch scheidet, wie es so schön schauerlich-feierlich bei der Hochzeit heißt.

Oh, ich kann mich noch sehr gut an meine weichen Knie erinnern, als ich selbst dieses Versprechen gegeben habe. Geht das denn? Kann das gut gehen? Das Leben ist so eine verdammt lange Strecke. Unüberschaubar, unvorhersehbar, unplanbar. Lässt sich Liebe, und zwar nicht nur die erotische Liebe, auf einen Menschen beschränken, und das auch noch auf Dauer? Die Ehe selbst, ist sie nicht doch ein Auslaufmodell oder gar prinzipiell zum Scheitern verurteilt, wie die Scheidungsraten und Eheprobleme an allen Ecken und Enden scheinbar beweisen?

Ja, man muss sich schon trauen, dieses Wagnis einzugehen. Aber wer nichts wagt, gewinnt auch nichts. Und was gibt es zu gewinnen? Eine Form von Liebe, die mit Zeit zu tun hat. Zeit für Entwicklungen, Zeit für gemeinsame Interessen, Engagements oder gemeinsame Kinder. Beständigkeit und Verlässlichkeit, womit aber sicher nicht Routine und Verkrustung gemeint sind. Und schließlich eine tiefe Verbundenheit, die mehr ist als die Heftigkeit von Affären. Stattdessen kann ein Gefühl für die Seele des anderen entwickelt werden, das oft bis über den Tod des Partners hinausreicht.

Man könnte einwenden, dass dies alles auch ohne Trau-
schein, ohne große Versprechungen zu haben wäre.
Stimmt – und wiederum auch nicht. Sicher gab und gibt es
Beziehungen, die ohne staatliche Besiegelung oder kirchli-
chen Segen lebenslang glücken. Liebe oder Treue lassen sich
weder gesetzlich noch kirchenrechtlich erzwingen. Gott sei
Dank. Doch ist nicht jeder Kuss schon ein Akt, der die Beliebigkeit einer Beziehung beendet? Und ist es da nicht auch
verständlich, wenn bei vielen Menschen der Wunsch
besteht, neben der körperlichen Versicherung der Gemeinsamkeit diese auch mit Worten ausdrücken und festhalten
zu wollen?

Und so ist das Wagnis Ehe letztlich doch auch Ausdruck
einer tiefen menschlichen Hoffnung: auf lebendige Liebe
ein Leben lang. Aber dafür gibt es keine Garantie. Und deshalb muss man sich eben trauen.

Gute Ehen – aber wie?

Ein Viertel aller Ehen werden geschieden. Es scheint geradezu wie ein Naturgesetz zu sein, dass Ehen scheitern. Aber die drei Viertel, bei denen es noch, noch immer oder fast immer gut klappt, über die redet kaum jemand. Warum eigentlich? Natürlich weil sich schlechte Nachrichten eben besser verkaufen als gute, vielleicht auch, weil der Alltag, das sogenannte Normale irgendwie langweilig erscheint. Aber dass es in einer Partnerschaft mehr als ein paar Jahre schön bleibt, das ist gar nicht langweilig, das ist so interessant, dass es immer wieder Untersuchungen gibt, die vom »Geheimnis« einer guten Partnerschaft reden. Ein Psychologenteam hat vor Kurzem wieder mal versucht, dieses Geheimnis zu lüften. Die Psychologen haben rund 700 Paare mit einer durchschnittlichen Ehedauer von 27 Jahren danach gefragt, was ihre Ehe zusammenhält. Die Antwort der Langzeitverheirateten ergab eine Hitliste von Verhaltensweisen, die zu einer stabilen Ehe führen können. Diese Hitliste besteht aus 12 Plätzen und sieht so aus:

Platz 12: Zärtlichkeit und eine zufriedenstellende sexuelle Beziehung. Platz 11: die gleiche Wellenlänge. Platz 10: materielle Dinge gemeinsam regeln. Platz 9: Treue. 8: einander die Freiräume bewahren. 7: die gemeinsame lebenslange Verantwortung für Kinder und Enkel. 6: miteinander durch dick und dünn gehen. 5: gemeinsame Interessen, Hobbys und Freunde. 4: gut miteinander reden, aber auch streiten können. 3: Liebe und Zuneigung. 2: Vertrauen,

Offenheit, Ehrlichkeit. And the winner is, Platz 1 in der Hitliste stabiler Ehen heißt: den anderen so nehmen, wie er ist.

Klingt leicht und logisch – in der Theorie! Aber die Praxis! Ist Arbeit, Glück und viel guter Wille.

Liebe ein Leben lang

Armand und Jeanne Gieraud haben ein äußerst seltenes Jubiläum gefeiert: ihren 80. Hochzeitstag! So lange muss man erst einmal leben und dann zusammenleben und auch noch zusammen bleiben. 99 Jahre alt sind die beiden, haben also mit 19 geheiratet. Acht Jahrzehnte haben sie miteinander verbracht und lieben sich heute noch. »Über die Liebe sprechen wir nicht mehr«, sagen sie, »aber wir leben sie noch immer.« Es gibt sie also doch, diese Liebe ein Leben lang. Das ist es, was sich so viele Menschen vornehmen, wünschen und versprechen, wenn sie heiraten: Liebe ein Leben lang. Aber wie geht das? Wie schafft man dieses einmalige und so seltene Ideal? Ist es nur Zufall oder Glück? »Wir sprechen nicht mehr über die Liebe, wir leben sie«, sagt das 99 Jahre alte Paar. Aber was heißt das – die Liebe leben? Ich weiß nicht, was Armand und Jeanne auf die Frage antworten würden, aber ich versuche mir vorzustellen, was zu einer jahrzehntelangen Beziehung gehören könnte:

Zuallererst, lieben können, nicht nur den Partner, sondern das Leben an sich, die Menschen. Ich glaube, das ist die erste wichtige Voraussetzung und wie so vieles in der Kindheit geprägt. Offenheit gehört wohl auch dazu, über fast alles reden können – fast alles, denn ein Rest an Geheimnis muss auch in der Partnerschaft sein. Ehrlichsein gehört dazu, Ehrlichkeit lässt eine Beziehung wachsen, weil nur durch Ehrlichkeit Vertrauen entsteht. Und nicht zuletzt Gemeinsamkeit. Bei aller Verschiedenheit Schnittpunkte schaffen. Gemeinsames Tun, gemeinsames Schaffen. Sei es durch Hobbies, soziales Engagement oder durch Kinder, und schließlich Schwächen annehmen. Die Schwächen des Partners und auch die eigenen. Denn nur die Beziehungen, die mit Schwächen umgehen können, sind stark.

Lieben, ohne besitzen zu wollen

»Genieße den Reiz, ohne ihn zu begehren, dann bleibst du sein Meister!« Puh, dieser Satz des deutschen Autors Hans Arndt ist nicht leicht zu verstehen und schon gar nicht leicht zu leben. Aber es lohnt sich, sich mit ihm zu beschäftigen. Denn er beschreibt das, was im neunten der Zehn Gebote steht: Du sollst nicht begehren deines nächsten Frau. Ich habe mich schon immer gefragt, warum es dieses Gebot noch gebraucht hat, wo es doch schon im sechsten Gebot - Du sollst nicht ehebrechen - um Sexualität geht. Ist im neunten also mit Begehren von so einer Art Vorstufe des Ehebruchs die Rede? Nein, denn im sechsten Gebot, das wissen nur zu wenige, geht es um die Würde der Frau und den Schutz der Familie. Und im neunten Gebot um eine hohe Kunst: Lieben ohne besitzen zu wollen. Denn es ist schon auch eine Mentalität des Habenwollens, wenn zum Beispiel ein Mann mit der Frau eines anderen schlafen möchte. Das sage ich jetzt nicht, weil ich prüde bin oder ein Moralapostel. Ich sage das, weil das eine uralte Einsicht ist. Die Zehn Gebote sind 3000 Jahre alte Lebenstechniken oder -regeln, die den Menschen nicht einschränken, sondern zu mehr Freiheit verhelfen wollen. Und »Du sollst nicht begehren deines nächsten Frau« heißt im Grunde, sich nicht von seinen Trieben beherrschen zu lassen. Sie aber auch nicht zu unterdrücken, denn die Triebe gehören zum Menschen und halten das Leben am Leben. Aber so stark sie sind, so sehr reizen, treiben oder plagen sie einen oft auch. Das sagt auch das Wort Begehren, in dem das Wort Gier steckt. Im neunten Gebot geht es also nicht darum, dass Männer und Frauen sich nicht attraktiv und sexy finden dürfen. Es will ein doppelter Schutz sein. Es will uns davor schützen, uns durch unsere Sexualität versklaven zu lassen. Und es will uns davor schützen, einander zum Sexualobjekt zu machen. Und wie soll das gehen? Nicht durch die Unterdrückung unserer sexuellen Impulse. Vielmehr geht es darum, sie wahrzunehmen, anzunehmen, aber die wunderschöne Frau oder den sehr attraktiven Mann nicht gleich haben zu wollen. Es geht darum, die Schönheit, die Attraktivität, die erotische Ausstrahlung eines Menschen zu genießen. Mit dem mal augenzwinkernden, mal schmerzlichen Wissen, nicht alle haben zu können und nicht alles haben zu müssen. Sondern die Begehrten ganz für sich attraktiv und erotisch sein zu lassen. Das ist, weiß Gott, eine schwere Übung, wie wir aus unzähligen Klatschblättern, Fernsehserien oder auch der hohen Literatur wissen. Aber wenn sie gelingt, ist sie ein wahrhaft meisterlicher Genuss!

Seitensprünge

Glaubt man den Statistiken, dann geht die Hälfte der Männer im Laufe ihres Ehelebens mindestens einmal fremd. Über die Frauen sagen die Zahlen, dass 25 % im Laufe ihrer Ehe eine Affäre haben.

»Du sollst nicht ehebrechen« – dieses sechste der Zehn Gebote steht angesichts der eben genannten Zahlen irgendwie altmodisch und knöchern da. Aber es gibt auch heute gute Gründe, dieses Gebot zu befolgen. Nicht nur, weil es dieses Gebot gibt und man so etwas einfach nicht tut. Nein, denn die Faszination, die gerade andere Frauen und Männer ausüben, gab es immer und wird es immer geben. Und auch die Sehnsucht danach, einen anderen Menschen näher an Leib und Seele kennenzulernen, sich zu verlieben und endlich wieder dieses euphorische Brechen der Dämme zu erleben. Ist es dann einmal passiert und es wird dem Partner gebeichtet, dann ist es sicher eine Wunde in der Beziehung. Eine Wunde, die den Partner tief verletzt. Aber diese Wunde kann geheilt werden, wenn dabei die Chance genutzt wird, über die Ehe zu sprechen. Darüber, was nicht stimmt, was vielleicht auch zum Seitensprung geführt hat. Aber auch darüber, was stimmt, was die Ehe lebens- und erhaltenswert macht. Wird die Affäre nicht gebeichtet und durch Zufall oder durch jemand anderen entdeckt, ist die Verletzung noch viel größer. Der betrogene Partner ist getäuscht, bloßgestellt und erniedrigt. Dies dem Partner anzutun, dazu gehört entweder eine große Portion Rücksichtslosigkeit oder eine große Not. Mit rücksichtslosen Personen sind nicht nur Ehen schwer zu führen. Aber wenn die Not zu einer Affäre führt, dann gilt es, diese Not zu lindern, sie bestenfalls zu beheben.

Allein »Du sollst nicht ehebrechen« hilft hier nicht weiter, wenn man es nur als starres Gebot sieht. Als Lebensleitlinie aber, will es den Menschen zu ihrer Freiheit und Würde verhelfen. Zur Würde, indem Partner alles versuchen, einander nicht zu verletzen oder gar zu erniedrigen. Zur Freiheit, indem Paare sich bemühen, die Ehe zu erhalten, aber auch die Freiheit haben, sich zu trennen, wenn es gar nicht mehr geht. Und die größte Freiheit: zu verzeihen, wenn der Partner darum bittet.

Das Auf und Ab der Liebe

Schmetterlinge im Bauch, endlose Liebe auf Wolke Sieben und Traumhochzeit in Weiß. Und dann irgendwann der graue Alltag. Routine frisst das Prickeln weg und man wird sich irgendwie fremd.

Das Verschwinden der Liebe ist eine Erfahrung, die mindestens jedes vierte Paar leider macht. Manche nach drei Jahren, manche tatsächlich im verflixten siebten Jahr und manche erst, wenn die Kinder aus dem Haus sind und sie sich ohne gemeinsame Aufgabe verändert gegenüberstehen.

Es ist einfach so und es ist auch traurig. Denn wer wünscht sich nicht die intensive, ewige Liebe? Die gibt es zwar auch, Gott sei Dank, aber der Alltag von gelingenden Beziehungen ist Glück und Arbeit: das Glück, gut zueinander zu passen, und die Arbeit an der Beziehung. Arbeit heißt vor allem, sich Zeit nehmen füreinander. Ganz wichtig: reden, nicht nur um Konflikte zu lösen, sondern, um das Gespür für den anderen zu bewahren. Und nicht zuletzt Höhen und Tiefen zulassen. Nicht denken, alles, auch und gerade die Liebe, müsste immer nur federleicht und schön sein. Jeder Einzelne macht verschiedene Phasen durch in seinem Leben, verändert sich und damit verändert sich auch die Beziehung, die Liebe. Das ohne Angst anzunehmen, ist sehr wichtig für die Partnerschaft und, wenn es gelingt, so intensiv wie befreiend. Die amerikanische Schriftstellerin Anne Morrow Lindbergh hat das einmal so ausgedrückt:

»Wenn man jemanden liebt, so liebt man ihn nicht die ganze Zeit, nicht Stunde um Stunde auf die gleiche Weise. Das ist unmöglich. Es wäre sogar eine Lüge, wollte man diesen Eindruck erwecken. Und doch ist es genau das, was die meisten von uns fordern.

Wir haben so wenig Vertrauen in die Gezeiten des Lebens, der Liebe, der Beziehungen. Wir jubeln der steigenden Flut entgegen und wehren uns erschrocken gegen die Ebbe. Wir haben Angst, die Flut würde nie zurückkehren. Wir verlangen Beständigkeit, Haltbarkeit und Fortdauer; und die einzige mögliche Fortdauer des Lebens wie der Liebe liegt im Wachstum, im täglichen Auf und Ab – in der Freiheit; einer Freiheit im Sinne von Tänzern, die sich kaum berühren und doch Partner in der gleichen Bewegung sind.«

Verstaubtes Bild

Auf der Fensterbank vor meinem Schreibtisch steht ein Foto von meiner Frau und mir. Ein schönes Urlaubsfoto, auf dem wir uns umarmen und uns sichtbar wohlfühlen. Dieses Foto zieht – wie die meisten Gegenstände auf der Fensterbank – unglaublich viel Staub an. Immer wieder nehme ich es zur Hand und wische den Staub von Glas und Rahmen, weil ich es ganz einfach nicht verstaubt sehen will. Diese Handlung erinnert mich daran, wie wichtig es ist, immer wieder den Staub von Beziehungen zu wischen. Wie auf ein Foto kann sich Staub auch auf Beziehungen legen. Wenn man sie unbeachtet in der Ecke stehen lässt, wenn der Partner oder die Partnerin gewissermaßen zum Inventar gehört wie ein Tisch, Stuhl oder Foto, das an der Wand hängt als Erinnerung an schönere, intensivere Zeiten.

Wenn man als Paar zu wenig rauskommt aus dem Arbeits-, Alltags- oder Kinderstress, beginnt die Beziehung Staub anzusetzen und manchmal droht die Staubschicht so dicht zu werden, dass man den anderen gar nicht mehr richtig erkennt. Dann ist es höchste Zeit, tief Luft zu holen und sich selbst oder den anderen frei zu pusten vom Staub, der die Beziehung so alt aussehen lässt: von der Arbeit, damit ab und zu nur die Beziehung gilt, von den Kindern, denen es auch besser geht, wenn die Eltern sich gut verstehen. Und nicht zuletzt von gesellschaftlichen und privaten Verpflichtungen, damit immer wieder einmal nur das Du und das Ich zählen und beide nicht auch wie viele andere mal ausgezählt werden.

Dos and Don'ts – Beziehungsregeln

Genau sein

Bei einer Fortbildung ging es um die großen, übergroßen Worte des Lebens: Worte wie »Glaube«, »Heil«, »Gott« und natürlich »Liebe«. All die Warnungen, diese Worte nicht zu leichtfertig in den Mund zu nehmen, sind mir bekannt und ich neige überhaupt nicht dazu, sie oft zu gebrauchen. Aber ein Satz holte mich aus der Distanz zu diesem Thema, weil er mir dieses übergroße Wort Liebe ein bisschen näher brachte. Der Satz hieß: Liebe hat mit Genauigkeit zu tun. Wie? Liebe und Genauigkeit? Die Veranstaltung lief weiter und ich nagte noch immer an diesem Satz herum. Liebe und Genauigkeit, das heißt doch sicher nicht kleinliches Aufrechnen, wer dem anderen wie viel gegeben oder genommen hat oder wer nach Streitigkeiten wie oft auf den anderen zugegangen ist. Wohl eher geht es darum, habe ich mir überlegt, dass es in der Liebe kein Ungefähr gibt.

Liebe hat mit Genauigkeit zu tun, das heißt, dass es keine nur oberflächliche Liebe gibt, sondern immer nur die volle, die ganze, die besondere Liebe zu einer, genau dieser Person. Genauigkeit der Liebe heißt auch, dass ich den anderen kennen muss, um ihm die kleinen und großen Freuden machen zu können, die die Liebe lebendig halten. Genauigkeit in der Liebe ist auch die Voraussetzung, dass ich mich in den anderen einfühlen kann. Das heißt aufmerksam sein für das, was der andere ist, und zwar nicht nur für mich, sondern ganz für sich, damit ich ihn besser erkennen kann an Leib und Seele. Wenn in der Bibel davon die Rede ist, dass ein Mann und eine Frau miteinander geschlafen haben, dann heißt es, »sie haben sich erkannt«. Auch das hat mit Genauigkeit zu tun, denn ich erkenne einen Menschen nur, wenn ich genau mit ihm bin, also sorgsam mit seinem Leib und seiner Seele umgehe.

Auf die innere Stimme hören

»Pass auf«, »Mach jetzt bloß keinen Mist«, »Trau dich«, »Nun mach schon«, »So geht es nicht«, »Jetzt reicht's«. Kennen Sie diese Sätze? Nicht von jemand anderem gesprochen, sondern von Ihnen selbst. Im Stillen, mit der inneren Stimme. Mitunter müssen die Gedanken raus aus dem Kopf, aus dem Bauch oder aus dem Herzen. Und damit meine ich nicht die Gedanken, die die Psychologen Über-Ich nennen, den inneren Oberaufpasser, sondern die Gedanken des Herzens oder die Herzensstimme. Die Herzensstimme wird auch das Gewissen genannt oder Ruf des Herzens. Vielleicht kennen Sie Situationen, in denen es völlig klar war, dass es so nicht weitergeht. »Da mach ich nicht mehr mit!« Scheinbar spontan platzen dann die Worte heraus. So plötzlich ist das aber nicht. Wenn es sich um Gewissensfragen handelt, sind sie immer das Ende eines langen Weges, und vor allem das Ergebnis einer inneren Überzeugung. Einer meiner Lehrer, der verstorbene Ethik-Professor Alfons Auer, hat es so formuliert: »Ein gutes Gewissen ist sachlich informiert und menschlich gütig.« Wie schön, wenn Herz und Kopf zusammenkommen. Wenn man sich lange genug mit einer Sache auseinandergesetzt hat, wenn man das Problem und vor allem die davon betroffenen Menschen mit Wohlwollen, aber auch sachgerecht betrachtet, dann kommt es irgendwann unwillkürlich zum Punkt der Entscheidung. Und die tut manchmal weh, manchmal aber auch sehr gut.

Schwach sein dürfen

»Wahre Liebe ist, sich schwach zeigen zu dürfen.« Ich weiß nicht, woher ich den Spruch habe und ich weiß auch nicht, ob das allein die wahre Liebe ist. Aber ich denke, es gehört zur Liebe dazu, mal zu schwächeln. Natürlich ist damit nicht gemeint, dass in einer Beziehung der eine immer der Schwache und der andere immer der Starke sein soll oder darf. Das wäre auf Dauer eine große Belastung für beide. Aber sich fallen zu lassen, einmal nicht stark sein zu müssen, das kann wahnsinnig guttun. In jeder Beziehung. Und es ist ein Geschenk, das man sich vielleicht leichter anzunehmen traut, wenn man geliebt ist. Der Partner, der im Beruf immer seinen Mann stehen muss, wenn er einfach mal schwach sein darf. Wenn er zum Beispiel krank ist und sich pflegen lassen kann. Oder mal heult, weil ihm einfach alles zu viel ist. Oder die Frau, die es immer und allen recht machen will, für jeden Zeit und für alles Verständnis hat, bis sie selbst nichts mehr versteht. Da ist es schon etwas Großartiges, jemanden zu haben, der einen schwach sein lässt und hält. Es sind starke Beziehungen, in denen man schwach sein kann und das auch zeigen darf. Die Welt ist hart genug und umso furchtbarer wäre es, die oft unmenschlichen Gesetze unserer Welt auch noch in Beziehungen zu übertragen. Der Beste, Schnellste, Rücksichtsloseste gewinnt, und wer Schwäche zeigt, wird irgendwann aussortiert. Liebe ist das genaue Gegenprinzip dazu: Sie nimmt die Schwäche des Menschen an, weil sie zuinnerst weiß, dass jeder Mensch in seinem Innersten auch schwach und verletzlich ist. Liebe hält Phasen der Schwäche aus, weil sie zuinnerst weiß, dass jeder Mensch auch stark ist und dass diese Stärke zurückkommt. Auch und gerade, wenn man Phasen der Schwäche hatte. Denn vielleicht sind wir Menschen nur wirklich stark, wenn wir unsere Schwächen auch zulassen können.

Miteinander reden

»Reden ist Silber, Schweigen ist Gold« – von wegen! Mehr und mehr erlebe ich Situationen, in denen es goldrichtig ist, eben nicht zu schweigen, sondern zu reden. Zum Beispiel, wenn sich in meinem Freundeskreis wieder einmal ein Paar getrennt hat. Immer wenn Ehen scheitern oder zu scheitern drohen, ist meistens auch Sprachlosigkeit im Spiel. Man hat sich nichts mehr zu sagen, man schweigt sich an, organisiert vielleicht noch den Alltag zusammen. Die Probleme aber werden unter den Teppich gekehrt und die einmal lebendige gemeinsame Basis verhärtet sich wie in Schalen gegossener Beton. Und wenn dann andere Menschen interessanter werden als der Partner, Gefühle nur noch im Streit zu Worten werden, dann bekommt der Beziehungsbeton Risse. Es sind zunächst ganz kleine, feine Haarrisse, die aber mit jeder Unachtsamkeit, mit jedem Streit, jeder Verletzung mehr, größer und tiefer werden. Und nicht erst der berühmte und oft aus Frustration oder Not entstandene Seitensprung reißt schließlich den erstarrten Ehebeton auseinander. Zum Reden ist es dann zu spät und das Schweigen ist nur noch Ausdruck von Ohnmacht und Enttäuschung.

Ich bin weder Eheberater noch ein Katholik der Sorte, die von Menschen verlangen, mehr tot als lebendig zusammen zu sein, nur, damit sie zusammen bleiben. Und ich weiß auch, wieviel Glück dazu gehört, dass zwei Menschen glücklich sind und glücklich bleiben. Aber ich habe gelernt, wie lebensnotwendig und befreiend es ist, nach einem Streit, aus der Enttäuschung heraus oder nach Phasen des Schweigens rechtzeitig zu reden. Erst danach ist das Schweigen so schön wie Gold.

Schweigen

»Man braucht zwei Jahre, um sprechen zu lernen, und fünfzig, um schweigen zu lernen.« Ein weiser Spruch des Schriftstellers Ernest Hemingway. Aber überall wird geredet, geplappert, gequatscht. In der Schule, im Job, auf der Straße, in der Kneipe, im Fernsehen und im Radio. Es ist ja auch urmenschlich zu reden und bei mir ist es der größte Teil meines Jobs, nicht nur im Radio. Und weil ich so viel sprechen muss, ist mir mit den Jahren das Schweigen als Gegengewicht immer wichtiger geworden. Erholung heißt für mich: den Mund halten, schweigen. Die Balance macht es also, das Gleichgewicht zwischen Reden und Schweigen. Wie Einatmen und Ausatmen. Das Reden als Ausatmen, das Schweigen als Einatmen. Schweigen kann schön und erholsam sein, aber auch schrecklich und quälend. Wenn jemand durch Schweigen oder Nichtbeachten bestraft werden soll, ist das Psychoterror, den niemand verdient. Man kann auch schweigen aus Angst oder Verlegenheit, wenn einem etwas Peinliches passiert ist. Oder wenn einem die Worte fehlen aus Trauer oder aufgrund eines Schocks.
Eine der schönsten Arten zu schweigen ist das gemeinsame Schweigen. Wenn sich zwei Menschen so vertraut sind, dass sie nicht immer reden müssen, um sich zu verstehen. Wenn sie eine Verbundenheit haben, die auch ohne Worte spürbar ist, durch Blicke, Gesten oder Berührungen. Miteinander zu reden ist eines der wichtigsten Elemente einer glückenden Beziehung, aber das gemeinsame Schweigen ist viel-

leicht sogar das Zeichen tiefster Vertrautheit. Wenn in bestimmten Situationen keine Worte mehr nötig sind, um sich zu verstehen oder um sich zu verständigen. Weil man – durch die Jahre oder die Tiefe der Beziehung – weiß, was der geliebte Mensch denkt und fühlt. Ein tiefes zweisames Einssein, das die Getrenntheit der menschlichen Existenz für kurze Zeit aufhebt. Durch Schweigen.

Gut streiten können

Ich hasse Streit, aber manchmal muss er einfach sein: um
angestauten Dampf abzulassen oder um Grenzen zu setzen.
In einer Beziehung gehört es dazu, auch einmal lautere
Töne anzuschlagen. Bei den Kindern ist es geradezu notwendig, immer wieder miteinander zu ringen und selbst in
guten Freundschaften muss es möglich sein, sich auseinan-
derzusetzen, ohne dass die Beziehung darunter leidet. Aber
Streiten will gelernt sein. Man könnte fast sagen, es ist eine
Kunst. Denn Streit kann auch ein Form von Machtkampf
sein, wenn es nicht um die Sache geht, sondern nur darum,
wer sich am Ende des Streits wieder auf den anderen zube-
wegt. Das sind noch die gepflegteren Formen. Aber leider
gibt es auch brutalere – seien es körperliche, bis hin zu
Schlägen und Verletzungen oder seelische, mit Psychoterror und subtilen Sadismen. Diese Art von Streit schlägt
Wunden, die nur schwer zu heilen sind.
Andererseits ist das panische Vermeiden von Streit auch
schädlich für Beziehungen. Ich kenne Paare, die Probleme
über Jahre hinweg unter den Teppich gekehrt haben und
auf einmal war die Beziehung tot – schlagartig, von heute
auf morgen. Streit ist der lebensnotwendige Kanal für die
ganz normalen Frustrationen, Kollisionen und Aggressionen zwischen den Menschen. Ich musste lange lernen, mein
Gegenüber beim Streiten nicht fertig machen zu wollen.
Dabei helfen bestimmte Regeln und ein paar knackige habe
ich in der Zeitung entdeckt und möchte sie gerne weiterge-

ben: Also Streitregel Nummer eins: Es gibt absolute Rede-
freiheit, wer etwas zu sagen hat, soll es sagen, aber der Ton
macht die Musik. Er darf auch ruhig laut sein, aber möglichst nicht beleidigend. Nummer zwei: Es gibt auch
Schweigefreiheit, niemand kann zum Reden gezwungen
werden. Es braucht auch mal Aus-Zeiten, um mit sich oder
dem Vorfall, der zum Streit geführt hat, ins Reine zu kommen. Aber ein Termin zum Weiterreden muss in Sichtweite
sein. Drittens: Die Diskussion von Problemen muss von
Lösungsvorschlägen getrennt werden. Lösungen kommen
später, wenn Herz und Verstand wieder frei sind. Viertens:
Versuchen Sie, Ihren Streitpartner zu verstehen. Unterbre-
chen Sie ihn nicht, lassen Sie ihn aussprechen und bestenfalls versuchen Sie, Ihre Position von seiner Warte aus zu
sehen. Fünftens, etwas sehr Wichtiges für alle Beziehungen, nicht nur im Streit, versuchen Sie niemals, Ihren
Streitpartner zu verändern. Menschen kann man nicht
ändern, sie ändern sich höchstens selbst. Sechstens: Unterdrücken Sie keine Gefühle. Wenn man sie nicht herauslässt,
suchen sie sich einen anderen, oft verletzenderen Weg. Lassen Sie Ihre Gefühle raus, aber bitte ohne seelische oder
körperliche Gewalt. Lieber mal einen Teller gegen die
Wand werfen als die Hand gegen den Partner zu erheben.
Siebtens und letztens: Reden Sie über die Zukunft und nicht
über die Vergangenheit, denn niemand kann geschehenes
Unrecht ungeschehen machen, aber in der Zukunft kann
jeder Mensch die Welt verbessern und vielleicht sogar sich
selbst.

Wenn es gelingt, diese Regeln anzuwenden – und das
braucht Übung! –, dann kann man das Wichtigste und
Schönste am Streit so richtig genießen: die Versöhnung.

Die Balance zwischen Distanz und Nähe halten

»Wer keinen Zaun um seinen inneren Garten hat, bei dem trampeln alle herein.« Dieser Satz des Schriftstellers Emil Dösch hat mich getroffen, weil ich dieses Problem leider ziemlich gut kenne. Zu oft zu offen zu sein, nicht genügend Abstand kriegen oder halten zu können. Diese oft so schwere Balance zu halten zwischen Distanz und Nähe, das ist ein Problem in vielen Bereichen und, weiß Gott, auch nicht nur für mich.

In Beziehungsfragen ist sie elementar, diese Balance zwischen Distanz und Nähe. Es ist wichtig, dem Partner nicht dauernd an der Backe zu kleben, damit er genügend Freiraum hat, trotz oder gerade in der Partnerschaft.

Ich habe erlebt, dass es gut ist, gerade auch zum geliebten Menschen immer wieder auf Distanz zu gehen, um die Nähe zu ihm zu erhalten. Gerade wenn man sich schon länger kennt und liebt, ist es wichtig, ja vielleicht sogar notwendig, immer mal wieder etwas allein oder mit einem Freund zu unternehmen, wegzugehen von dem Menschen, mit dem man zusammenlebt, rauszugehen aus dem Alltag, damit die Beziehung nicht alltäglich wird. Die räumliche und zeitliche Distanz lässt mich den Menschen, den ich liebe, wieder klarer sehen, wieder mehr schätzen und nicht für selbstverständlich halten. Denn nichts ist selbstverständlich. So ist es auch auch bei persönlichen Problemen und Krankheiten wichtig, die richtige Balance zwischen

Distanz und Nähe hinzubekommen. Wenn der Partner betroffen ist, dass ich ihm nicht zu früh oder zu oft mit meinen gut gemeinten Ratschlägen komme. Dass ich versuche, eine Distanz zu den Problemen und Krankheiten des anderen zu bewahren, so nahe er mir auch ist. Denn wenn ich zu sehr mit ihm leide, nützt es keinem mehr.

Auch bei eigenen Problemen ist es so sinnvoll wie notwendig, auf Distanz gehen zu können, und zwar zu den Problemen und zu sich selbst. Den eigenen Garten anschauen und rausfinden, ob es denn wirklich so schlimm darin aussieht oder ob nur ein Teil davon verwildert, verdorrt oder zertrampelt ist. Und dann aber auch schneiden, gießen oder Zäune ziehen.

Nichts Wichtiges verschieben

»Wir hätten früher damit aufhören sollen, später zu sagen.«
Was mag hinter so einem Satz stecken, wenn er auch noch
auf einer Todesanzeige steht? Mindestens die bittere Einsicht, dass der Tod die radikalste Grenze setzt. Alles, was bis
dahin nicht getan wurde, kann nicht mehr getan, nichts
kann mehr nachgeholt werden. Die lang geplante Reise
nicht, die immer wieder verschoben wurde, die Zeit, die
man sich endlich füreinander nehmen wollte. Das versöh-
nende Gespräch, das man schon so lange führen wollte, sich
aber nicht getraut hat oder zu verstockt war, den ersten
Schritt zu machen. Oder der Arztbesuch, der immer wieder
auf später verschoben wurde, mangels Zeit oder aus Angst,
bis es vielleicht zu spät war.

Wir hätten früher damit aufhören sollen, später zu sagen.
Dieser Satz beschreibt eine der bittersten Erfahrungen, die
es gibt. Aus und vorbei – keine Verlängerungsmöglichkeit,
kein Neuanfang, keine Chance mehr. Dieser Satz, auf eine
Todesanzeige geschrieben, das ist nicht nur eine bittere
Erkenntnis, nicht nur eine Klage, das ist auch eine Mahnung an die Lebenden. Eine Mahnung, damit anzufangen,
nicht mehr »später« zu sagen. Sondern bald, wenn es um die
Zeit füreinander geht, heute, wenn es um ein versöhnendes
Gespräch geht, und sofort, wenn schon lange ein Arztbesuch ansteht.

Nicht immer alles sagen

Jeder Mensch lügt ein bis zweimal täglich. Von solchen Statistiken hört man oft. Aber stimmt das? Und wenn ja, was heißt dann lügen? Gehört etwas schönzureden auch dazu oder jemandem nicht die volle Wahrheit zu sagen?

Ein Journalist hat einmal ein interessantes Experiment gemacht: Als Fastenübung hat er 40 Tage lang nur die Wahrheit gesagt, also immer das rausgelassen, was er gedacht, gefühlt oder gewusst hat. Das hat unter anderem dazu geführt, dass seine Freundin ihn aus dem Schlafzimmer geworfen hat. Sein bester Freund hat ihm die Faust in den Magen gerammt, nachdem der radikal ehrliche Journalist der Freundin seines Freundes erzählt hatte, dass dieser mit einer anderen Frau schläft. Also immer und überall die volle Wahrheit sagen? Ich denke nein. Und ich denke auch nicht, dass das achte der Zehn Gebote das meint, wenn es sagt: »Du sollst kein falsches Zeugnis geben.« Es bedeutet aber schon, nicht bewusst die Unwahrheit sagen, über sich selbst und über andere. In der Zeit, in der die Zehn Gebote entstanden sind, war das lebenswichtig. Denn eine Falschaussage oder Verleumdung konnte zum Ausschluss aus der Gesellschaft führen, schlimmstenfalls ein Todesurteil sein. Das heutige Wort Rufmord erinnert noch daran. Durch Verleumdungen und Gerüchte kann man Menschen auch heute noch sozial ächten oder fertig machen. Heute heißt das dann Mobbing.

Ein ehrlicher Umgang gegenüber anderen und sich selbst ist also lebensnotwendig. Denn wenn man sich nicht mehr aufeinander verlassen kann, wird das Leben kalt, hart und brüchig.

Der Journalist, der 40 Tage lang die nackte Wahrheit gesagt hatte, kam übrigens zu einem ganz guten Fazit: Radikale Ehrlichkeit geht nicht. Respektvolle Ehrlichkeit aber tut gut und tut auch der Beziehung gut.

Und was kann das heißen »respektvolle Ehrlichkeit«? Vielleicht das, was ich bei einem Familientherapeuten gelesen habe. Ihm hat eine Frau über ihren Mann Folgendes erzählt: »Als ich zugenommen hatte, hat mein Mann gesagt, er mag dicke Frauen. Und als ich wieder abgenommen habe, hat er gesagt, er mag schlanke Frauen. Irgendwann habe ich begriffen, dass er mich liebt.«

Gefühle zulassen

»Handeln Sie nie gegen Ihr Gefühl und vor allem nicht gegen den Willen Ihrer Frau.« Diesen Rat gab mir einer meiner Lehrer in einer Situation, in der ich zwischen drei Möglichkeiten zu entscheiden hatte. Beide Teile dieses wirklich guten Ratschlags habe ich immer wieder beherzigt. Hier möchte ich mich aber nur mit dem ersten Teil befassen, mit dem Gefühl. Denn oft ist das der schwierigste Part: die eigenen Gefühle zu erkennen, anzuerkennen und richtig mit ihnen umzugehen. Ich kenne viele Menschen, die damit große Probleme haben. Bei einem gipfelte es in dem Satz: »Ich weiß nicht, ob ich verliebt bin.« Für mich völlig unverständlich, aber für den Freund leider eine bekannte Erfahrung. Nicht zu spüren, wie es mir eigentlich geht in dieser Situation oder mit jenem Menschen. Oder jenes Ehepaar, dem mit der fehlenden gemeinsam verbrachten Zeit auch die Gefühle füreinander verloren gingen. Die Frau bekam Depressionen, litt an Appetitlosigkeit und nahm ab. Und als sie sich verliebte, in einen anderen Mann, da kam der Appetit, da kam das Leben wieder in sie zurück. Sie hungerte sozusagen nach Zuwendung, Liebe, nach Gefühl.

Gefühle nicht unter den Teppich zu kehren, Gefühle kommen zu lassen, zu erspüren – dazu braucht es vor allem Zeit. Zeit dafür, sich von den Vertuschungsversuchen und Ablenkungsmanövern zu lösen. Zum Beispiel von der hektischen Betriebsamkeit. Sei es im Beruf, in der Familie oder in der

Freizeit. Von der Arroganz, die ein Schutzpanzer um die Verletzlichkeit herum sein kann, von übersteigertem Ehrgeiz, hinter dem eine tiefe Sehnsucht nach Zuwendung stecken kann. Oft kommt mir das Leben vor wie ein großes Theater, in dem die Menschen verschiedenste Rollen spielen, nur nicht die eigene. Und dann stelle ich mir vor, wie es wäre, wenn sie die Show lassen würden. Wie die Masken fallen, die Schutzwälle zusammenbrechen und die Menschen zum Vorschein kommen: ganz sie selbst, ganz offen, ganz ehrlich und mit viel Gefühl für die anderen, weil sie das Gefühl für sich selbst wiederentdeckt haben.

Weinen können

Jürgen Klinsmann hat es getan, André Agassi hat es getan und auch der Dalai Lama: Sie haben geweint. Und zwar öffentlich. Es kam über sie und sie haben sich ihrer Tränen nicht geschämt. Trotz Fernsehkameras und Millionen von Zuschauern.

Lange war es verpönt, als Mann zu weinen. Männer, die weinen, galten und gelten oft noch immer als Weicheier, als Schwächlinge. Interessant sind auch die Reaktionen der Kinder, wenn sie ihre Eltern, besonders ihren Vater weinen sehen. Sie sind irritiert, verunsichert und wenn es öffentlich ist, ist es ihnen sogar peinlich. Sicher, weil sie es nicht gewöhnt sind, Erwachsene weinen zu sehen, weil die viel seltener weinen als Kinder. Sicher aber auch, weil sie spüren, dass da etwas Wichtiges oder ganz Intensives passiert, wenn ihr Vater so traurig, gerührt oder glücklich ist, dass ihm die Tränen kommen. Als Jürgen Klinsmann am Ende seines Abschiedsspiels den Platz verlassen hat und er – von seinen Gefühlen überwältigt – geweint hat, hatte das halbe Fussballstadion mindestens einen dicken Kloß im Hals. Ich eingeschlossen – als ich ihn auf der Großleinwand weinen gesehen habe, sind auch mir die Tränen gekommen. Das ist auch nicht schlimm, denn es tut nicht nur gut, ab und zu mal zu weinen, sondern ich wage zu behaupten, es ist auch gesund, für Leib und Seele. Wenn es mal dick kommt, bewahrt das Weinen – wenn es nicht pseudomannhaft weggedrückt wird – manchen vielleicht vor einem Magengeschwür. Und oft bekommt man einen neuen Blick, wenn die übergroßen Gefühle abgeflossen sind. Denn Augen, die geweint haben, sehen die Welt anders: ruhiger, reiner und klarer.

Und nicht zuletzt kann es auch für die Beziehung gut sein, wenn der Partner oder die Partnerin spürt, wie bewegt das geliebte Gegenüber ist. Tränen setzen da manchmal etwas in Bewegung, können Verkrustungen und Verhärtungen auflösen. Bei dem, der weint, wie auch bei dem, der den anderen weinen sieht.

Die »Neun Geheimnisse einer guten Ehe«

Vor einigen Jahren habe ich eine Radiosendung darüber gemacht, wie die Ehe glücklich sein und glücklich bleiben kann. In dieser Sendung habe ich Teile eines sehr interessanten Artikels einer psychologischen Fachzeitschrift (Psychologie Heute, Heft 2/1996) zitiert und mit meinen persönlichen Erfahrungen verglichen. Nach der Ausstrahlung dieses Beitrags liefen im Sender die Telefone heiß, weil so viele Menschen den Text der Sendung haben wollten. Er hieß »Die neun Geheimnisse einer guten Ehe« und weil ich diese »neun Geheimnisse« noch immer für so bemerkenswie empfehlenswert halte, sollen sie auch in diesem Buch nicht fehlen.

Das erste Geheimnis einer glücklichen Ehe lautet also: die Vergangenheit abschließen, sich von früheren Bindungen lösen, inklusive von der eigenen Mutter oder dem Vater. Eine Aufgabe, die wahrlich nicht leicht ist. Weil frühere Beziehungen vielleicht noch schmerzvoll in einem stecken oder zu stark nachwirken. Oder weil einen die Mutter oder der Vater nicht loslassen können.

Geheimnis Nummer zwei: Gemeinsamkeit aufbauen. Das bedeutet keinen Egoismus zu zweit, aber auch keine Symbiose, keine Selbstaufgabe im anderen. Das heißt übrigens nichts anderes als »Liebe deinen Nächsten«, und zwar deinen Allernächsten, »wie dich selbst«. Man kann nur richtig »du« sagen, wenn man auch »ich« sagen gelernt hat.

Geheimnis Nummer drei: der Aufbau einer befriedigenden sexuellen Beziehung. Sie gilt auch als der Kern einer glücklichen Ehe. Die Kunst, das Knistern am Leben zu erhalten, den Partner, wenn Kinder da sind, nicht als Papa oder Mama zu entsexualisieren. Sich über die Jahre erotisch attraktiv halten und sich immer wieder auch den Rahmen für erotische Stunden schaffen. Geheimnis Nummer vier: Die Elternrolle annehmen, ohne die Partnerschaft zu vernachlässigen. Wie wahr! Nicht nur Vater und Mutter im Alltagsmanagement, sondern auch Paar, bestenfalls Liebespaar sein. Dazu gehört der immer wieder notwendige Wechsel von Distanz und Nähe. Man muss immer wieder raus aus dem Alltag, um sich selbst und sich auch als Paar wiederzuerkennen.

Geheimnis Nummer fünf: Die Krisen des Lebens meistern. Klingt gut – ist aber auch ein hartes Brot. Schwierige Zeiten, individuell oder auch gemeinsam auszuhalten, Veränderungen anzunehmen und immer wieder zu Kompromissen bereit zu sein. Einander beizustehen, wenn es einem schlecht geht, Phasen der Entfremdung zu ertragen, ohne gleich in Panik zu geraten oder wegzulaufen.

Damit zusammenhängend das sechste Geheimnis: Raum für Streit schaffen. Nichts unter den Teppich kehren. Menschlich streiten gehört dazu. Wut rauslassen, aber den Partner nicht umhauen, weder seelisch noch körperlich.

Geheimnis Nummer sieben: Gemeinsam lachen und Langeweile vermeiden. Das heißt nicht, einander Witze zu erzählen, sondern den anderen oder sich selbst ab und zu auf die Schippe zu nehmen, denn was sich liebt, das neckt sich.

Das achte Geheimnis: Geborgenheit schenken. Das Leben draußen ist hart genug. Deshalb Versagen, Enttäuschungen, Schwäche und Krankheiten in der Ehe zulassen. Geistige Ruhepole, emotionale Wärmezentren schaffen, in denen man sich gemeinsam an Leib und Seele erholen kann.

Und schließlich das neunte Geheimnis: Die Balance finden zwischen Idealisierung und Realität. Das heißt, den Partner immer noch so sehen können, wie damals, als man sich in ihn verliebt hat, aber auch so, wie er heute geworden ist. Zum Beispiel seinen ernsten Blick, den es so früher noch nicht gegeben hat, aber auch seine blauen Augen, die noch immer so wunderschön sind wie damals.

Liebende
brauchen ein
Drittes

Andere Menschen

In dem einen Menschen, den man liebt, liebt man auch immer die Menschen an sich. Die Menschen sind für mich das Schönste und Interessanteste, was es gibt. Von klein bis groß, von der Geburt bis zum Tod. Die Kinder mit ihrer Offenheit, Direktheit und ihrem großen Herzenswissen, mit dem sie den sogenannten Erwachsenen meilenweit voraus sind. Die Jugendlichen mit ihrer Konsequenz, ihrer fruchtbaren Unzufriedenheit über den Stand der Dinge und mit ihrem Drang, die anderen herauszufordern, damit sie zu sich selbst finden können. Die Erwachsenen mit ihrem Fleiß, etwas aufzubauen, Kindern den Weg zu bereiten und ihre eigenen Eltern dabei möglichst nicht zu vergessen. Und die alten Menschen mit ihrer Gelassenheit, ihrem Blick fürs Ganze und darüber hinaus.

Das ist zu schön, um wahr zu sein, blauäugig und naiv, so ist die Wirklichkeit nicht, könnte man sagen. Und außerdem gibt es Menschen, die Unmenschen sind, brutalster Art. Ja, das könnte man sagen, ich will es aber nicht. Nicht, weil ich die Schattenseiten der Menschen verdrängen will: dass Kinder auch ganz schön brutal, dass Jugendliche nervig, die Erwachsenen verstockt und die Alten starrköpfig sein können. Ich will es nicht, weil ich in den Menschen das Gute und Schöne sehen will. Das spüren sie. Und genau das macht sie schöner und besser. Es ist eine faszinierende, aber auch erschreckende Erfahrung, dass sich das Gute genauso fortpflanzt wie das Schlechte. Und deshalb versuche ich mich dazu zu erziehen, mich an dem Guten in den Menschen zu erfreuen und hinter dem Negativen, dem Schlechten, dem Bösen das Gute zu suchen, weil hinter so manchem Schlechten etwas Gutes steckt, das nicht entdeckt wurde oder sich nicht zeigen durfte.

Sehen und gesehen werden

Liebende verbindet auch eine größere Aufmerksamkeit füreinander. Sie sehen mehr, nehmen mehr wahr – aneinander, aber oft auch über ihre Beziehung hinaus. Ja, vielleicht schärft ihre Liebe sogar ihre Wahrnehmung insgesamt.

In Zulu, einer afrikanischen Sprache, gibt es ein Wort, das die Aufmerksamkeit gegenüber Menschen sehr schön ausdrückt. Es heißt *Sanibona* und bedeutet »guten Tag«, genauer gesagt: Ich sehe dich! Das gefällt mir sehr als Begrüßung. Weil ich es nicht ausstehen kann, wenn mich jemand begrüßt oder mir die Hand gibt, ohne mich dabei anzuschauen.

Sanibona bedeutet noch mehr als ein rein oberflächliches Sehen. Es heißt auch: »Ich nehme dich wahr.« Wenn ich jemanden anschaue und mir einen kurzen Moment Zeit für ihn nehme, erweise ich diesem Menschen Respekt und achte seine Würde. Natürlich kann ich das nicht immer und bei allen Menschen ausführlich oder intensiv tun. Aber wenigstens kurz kann ich das schon. Und das reicht oft auch. An der Kasse im Supermarkt: die Frau sehen, wahrnehmen und nicht wie einen Zahlautomaten behandeln. Den Bischof nicht reflexhaft als Kirchenchef oder Promi sehen, sondern als Mensch, der auch Sorgen und Nöte hat. Die alte Nachbarin nicht in mein Wahrnehmungsbild einordnen wie einen Baum oder Laternenpfahl, sondern sie wirklich sehen und immer mal wieder bei ihr stehenbleiben und ein paar freundliche Worte mit ihr wechseln.

Das gelingt mir natürlich auch nicht immer. Aber eine gute Voraussetzung dafür ist, wenn ich selbst mit mir im Reinen bin, gut geschlafen habe, mich an Leib und Seele wohlfühle und mich auf ein paar Sachen freuen kann, die schön sind. Dann kann ich auch die Menschen ganz anders wahrnehmen. Wie wenn die verschlierte Autoscheibe mit Wasser, Spiritus und Scheibenwischer gereinigt wird, so wird mein Blick auf die Menschen durch gute Laune klarer. Und dann nehme ich sie ganz anders wahr. Dann »sehe« ich sie. Das tut ihnen gut, das spüre ich immer wieder. Es tut aber auch mir gut. Und so wird eine der klassischen Lebensregeln des christlichen Glaubens für mich immer wieder konkret: Liebe deinen Nächsten wie dich selbst.

Also schau, dass es dir gut geht an Leib und Seele. Sorge dich auch um dich und nicht nur um die anderen. Hege deinen Leib und pflege deine Seele. Das tut auch den anderen wohl, weil du sie dann auch ganz anders sehen kannst. Sanibona!

In eine bessere Zukunft schauen

Soziales und politisches Engagement verbindet liebende Menschen, gibt aber auch individuell einen schönen Lebenssinn. Zum Beispiel, wenn man an Flüchtlinge, Migranten und Asylsuchende denkt. Niemand verlässt seine Heimat nur so zum Spaß. Seit Menschengedenken gibt es Völkerwanderungen zwischen Ländern und Kontinenten. Und meistens sind Krieg oder Armut die Gründe dafür. Und seit Menschengedenken haben es die Flüchtlinge schwer, in anderen Ländern aufgenommen zu werden. In Italien gibt es ein ganz wunderbares Beispiel, wie Integration gelingen kann. Riace, ein Dorf ganz im Süden Italiens, drohte auszusterben. Wie in so vielen Mittelmeerländern verließen die jungen Leute das Dorf und suchten Arbeit in den Städten. Von den 3000 Bewohnern waren nur noch 700 übrig. Läden mussten schließen und die Schulen hatten fast keine Kinder mehr. Am Tag, als die letzte Bar geschlossen wurde, strandeten 300 Flüchtlinge vor den Toren Riaces. Der Lehrer Domenico Lucano nahm das als Zeichen: Er hat die Flüchtlinge aufgenommen und einen Versuch gestartet, mit ihnen sein Dorf zu retten. Er vermittelte ihnen Wohnungen in leer stehenden Häusern und freie Kost und Logis. Aber unter zwei Bedingungen: Alle mussten arbeiten und italienisch lernen. Und das hat geklappt. Natürlich gab es Schwierigkeiten, aber die wurden überwunden, als die verbliebenen Bewohner gemerkt hatten, dass sie von den neuen Dorfbewohnern profitieren, weil sie zum Beispiel Häuser renovierten, die dann an Touristen vermietet wurden. Und weil ihre Kinder wieder Leben in das Dorf gebracht haben. Heute wohnen wieder 1700 Menschen in Riace. 250 von ihnen sind Flüchtlinge. Aus Äthiopien, dem Irak oder Somalia. Domenico Lucano ist mittlerweile der Bürgermeister von Riace und er hat einen Verein gegründet, der nun der größte Arbeitgeber des Ortes ist. Der Verein heißt *Città Futura* – Stadt der Zukunft.

Hingabe

Es ist ein Wort, mit dem schon ziemlich viel Schindluder getrieben wurde: Hingabe. Wenn zum Beispiel Menschen zur Selbstlosigkeit gezwungen oder dazu gedrängt werden, fraglos-klaglos Opfer zu bringen. Oder wenn mit dem Wort Hingabe Unterwerfung schöngeredet werden soll, sexuell oder ideell. Es ist aber doch ein so schönes Wort, ja ein bezaubernder Zustand, wenn jemand was mit Hingabe macht.

Ein Kind habe ich vor Augen, das etwas malt. Die Zunge zwischen die Lippen geklemmt, ganz selbstvergessen, voll konzentriert. Oder ich habe Menschen mit Hingabe beten sehen. Muslime in ihrer ehrfürchtigen Sammlung, knieend auf dem Teppich. Buddhisten in aufrechter Körperhaltung mit Gesichtern, die so weggetreten wie schön ausgesehen haben. Oder ein katholischer Priester, der Gottesdienst wirklich gefeiert hat. Konzentriert, durchlässig für Gott und die Menschen. Und ich habe Menschen mit Hingabe anderen helfen sehen. Entwicklungshelfer, deren Hingabe sich in Zorn und Zärtlichkeit ausgedrückt hat. In Zorn gegenüber den Zuständen und in zarter Liebe gegenüber den Unterdrückten und Geplagten. Pflegerinnen habe ich erlebt, die sich ganz und gar auf den alten oder kranken Menschen vor ihnen eingelassen, sich Zeit genommen und damit sich selbst und die Zeit vergessen haben. Ich weiß, das ist die Ausnahme und schwierig zu Zeiten, in denen überall Kostendruck und Personalmangel herrscht. Aber wenn es passiert, dann sind es kostbare, heilige Momente. Denn Hingabe kann und darf nur freiwillig sein. Kosten-Nutzen-Denken ist das glatte Gegenteil davon. Wer also das Glück oder die Möglichkeit hat, sich immer wieder voll und ganz hinzugeben - einer Aufgabe, einem Werk oder einem Menschen - der erlebt einen wunderbaren Widerspruch: dass er ganz bei sich ist, wenn er sich verliert.

Kinder

Kinder sind das klassische »Dritte« zweier Liebender. Sie sind der sichtbarste Ausdruck und die tiefste Erfüllung ihrer Liebe, indem diese Liebe neue Menschen hervorbringt. Ich kenne Paare, denen dieses Glück nicht gegeben ist und sie haben ein Drittes ihrer Liebe in gemeinsamen Interessen, sozialem Engagement oder im Glauben gefunden. Trotzdem hinterlässt ein unerfüllter Kinderwunsch oft eine Narbe. Darum bin ich mir sehr bewusst, welch ein großes Glück es ist, Kinder zu haben. Und trotz allem Stress, aller Belastung und allem Ärger, den Kinder natürlich auch mit sich bringen, möchte ich mir mein Leben nicht mehr ohne sie vorstellen. Abgesehen von meiner Frau, sind mir meine Kinder so nah wie kein anderer Mensch, weil sie Teil von meiner Frau und mir sind. Weil sie eine unvergleichliche Nähe und Verlässlichkeit von mir gefordert haben und weil sie, obwohl man jahrzehntelang aneinander gebunden ist, doch ganz eigene, freie Wesen sind.

Kinder sind die Fühler der Eltern in die Zukunft. Sie werden, so Gott will, in einer Zukunft leben, in der ich nicht mehr sein werde. Und vielleicht wird in ihnen und ihren Kindern auch etwas von meiner Person weiterleben.

Kinder sind ein Glück. Ja, das ist wahr. Das habe ich in den letzten 20 Jahren oft erfahren, unter anderem beim Tod meines Vaters. Als ich frühmorgens von seinem Tod erfahren hatte, fragte mich mein damals siebenjähriger Sohn, warum ich denn schon so früh aufgestanden sei. Ich legte mich, wie immer mal wieder zu dieser Zeit, neben ihn in sein Bett und sagte ihm den Grund. Mein Sohn sagte nichts. Er sah mich nur an und streichelte mich. Das war eine meiner tiefsten Glückserfahrungen: Ein Kind tröstet seinen Vater, dessen Vater gestorben ist ...

Freundinnen und Freunde

Paare brauchen Freundinnen und Freunde. Gemeinsame Freunde, aber, wenn es geht, auch jeder für sich. Man kann gar nicht genug davon haben, doch dürfen es nicht zu viele sein. Denn Freundschaft braucht Zeit. Zeit, damit aus Bekanntschaft und Sympathie überhaupt Freundschaft werden kann, und Zeit für die Pflege der Freundschaft. Also nicht die sprichwörtlichen »kleinen Geschenke« erhalten die Freundschaft, sondern das nötige Maß an Zeit, das man für den Freund, die Freundin aufbringt. Das kann mal viel, mal wenig sein. Ein Freund ist einfach da, wenn man ihn braucht, und zwar ohne ihn zu rufen oder gar darum bitten zu müssen. Denn Freundschaft ist ohne Freiheit nicht möglich, weil sie sich auf einem schmalen Grat zwischen Symbiose und Gleichgültigkeit bewegt. Wie eine gute Ehe benötigen auch Freundschaften das richtige Maß an Distanz und Nähe, damit man den anderen besser erkennen kann. So ist es eine der schönsten und vornehmsten Aufgaben der Freundschaft, den Freund so kritisch und wohlwollend zu begleiten, dass er sich nicht von sich selbst entfernt. Dazu beizutragen, dass er er selbst bleibt. Dabei helfen gemeinsame Überzeugungen, gemeinsame Erinnerungen, aber gerade auch die Verschiedenheiten in der Mentalität, den Eigenarten und Fähigkeiten. Wie unrecht hat doch der lateinische Spruch »Bonus amicus alter ego est – ein guter Freund ist ein anderes Ich«. Was wäre das für eine langweilige Beziehung, ein geklontes Ich als Begleiter durch die

Zeit zu haben. Ein guter Freund ist eher mein Ich im Herzen des anderen. Mal großer Bruder, mal kleiner Bruder, mal Vater, mal Sohn, aber immer Freund und eines der schönsten Geschenke, die es gibt.

Tiere

»Das Glück der Erde liegt auf dem Rücken der Pferde« oder
»Der Hund ist des Menschen treuester Freund« – Redensar-
ten wie diese zeugen davon, wie tief die Verbundenheit von
Mensch und Tier sein kann. Und wie sehr Tiere auch Menschen miteinander verbinden können. Tiere können starke
Gefühle in den Menschen hervorrufen. Ich zum Beispiel
mag Hunde besonders gern, diese schwanzwedelnden Ver-
körperungen von Lebensfreude. Als Kleinkind soll ich
schon auf dem Schäferhund eines Nachbarn geritten sein
und zehn Jahre lang war ein Hund Teil der Familie Kottlorz. Trotzdem war ich etwas zurückhaltend, als mich einmal bei einer Wanderung ein Hund ansprang. Es war in
Griechenland, in der Mönchsrepublik Athos, wo ich mit
einem Freund unterwegs war. In Griechenland gibt es ja
viele wilde oder, wie man auch sagt, herrenlose Hunde. Vor
einem Kloster sprang mich also dieser Hund an. Freudig
und fröhlich und mich dabei gut einstaubend. Er hat meine
Zurückhaltung bemerkt, sich wieder auf alle vier Beine
begeben, ist aber die ganzen zwei Tage unserer 40 Kilome-
ter langen Wanderung an unserer Seite geblieben. Weil er
seit dem Kloster Stavronitika bei uns geblieben war, nann-
ten wir ihn Stravros und er war uns als Begleiter willkom-
men. Zum einen gab er uns das Gefühl von Sicherheit, denn
weil er immer neben oder vor uns herlief, verscheuchte er
die Giftschlangen, die es im Naturparadies Athos eben
auch gibt. Zum anderen war es einfach ein schönes Gefühl,

solch einen treuen Gefährten an der Seite zu haben. Oft war er eine Viertelstunde lang nicht zu sehen und auf einmal war er wieder da. Er hielt Brotzeit mit uns, was sicherlich auch ein Grund für seine Treue war, er schlief vor dem Kloster, in dem wir übernachteten und wartete, bis wir am nächsten Tag wieder aufbrachen. Dann kam der Abschied. Weil ich unseren treuen Begleiter so lieb gewonnen hatte, spielte ich die Möglichkeiten durch, wie ich ihn mit nach Deutschland nehmen konnte. Natürlich ging es nicht aus verschiedenen Gründen. Und als er dann so spürbar traurig am Hafen lag und wir aufs Schiff mussten, hatte ich einen dicken Kloß im Hals. Allein der Gedanke, dass er es in dieser paradiesisch schönen Landschaft viel besser hat als in einer Kleinstadt in Deutschland, machte mir den Abschied ein wenig leichter. Wieder einmal habe ich gespürt, wie weh es doch tun kann, jemanden freizugeben.

Garten

Es ist ja fast schon ein Klischee: das ältere Paar, das schweigend, glücklich und zufrieden miteinander im Garten arbeitet. Aber wie jedes Klischee hat es einen wahren Kern. Der Garten ist eine Verbindung zwischen dem älteren Paar, die keiner Worte bedarf und so organisch gewachsen ist wie die Natur, die es umgibt. Es muss aber nicht ein älteres Paar sein, dessen Liebe sich auch in ihrer gemeinsamen Liebe zur Natur zeigt. Das gibt es zum Beispiel auch bei Großeltern und Enkeln. Der Garten meiner Großmutter war das Paradies für mich. Ein kleiner, aber feiner Garten rund um unser Haus. Über 200 Tulpen habe ich im Frühling gezählt, im Sommer gab's Erdbeeren, Stachelbeeren und Kirschen von einem großen Baum, in dem ich saß und futterte, bis ich nicht mehr konnte. Wenn ich an vollkommen glückliche Zeiten meines Lebens denke, dann sehe ich diesen Garten mit meiner Oma vor meinem inneren Auge. Nie mehr war ich so unbeschwert, so leicht, so eins mit mir, den Menschen und der Natur.

Gärten sind etwas Archaisches, tief und immer schon zum Menschsein Gehörendes. Ein Garten ist ein besonderer Raum, in dem aus lebensfeindlicher Unordnung eine lebensfreundliche Ordnung gemacht wird. Das Wort Garten stammt vom indogermanischen *gorda* ab und bedeutet Umzäuntes, Eingehegtes. Und das Hegen und Pflegen, das Säen, Pflanzen und Ernten gehört zur Seele eines Gartens. Darum gilt der Gärtner, die Gärtnerin auch als ein Bild des glücklichen Menschen. Weil er mit Geduld die Dinge wachsen sieht, hegend und pflegend in die Natur eingebunden ist, die Schönheit, Düfte und Früchte schenkt. Und weil der Garten auch ein Hoffnungsbild für unser Dasein ist, mit Säen und Ernten, Wachsen und Vergehen.

Glücklich also die Paare, die einen Garten haben und die Zeit, sich dort von den Strapazen der modernen Zivilisation zu erholen. Von dem ganzen Lärm, der Technik, von Asphalt und dem Gestank der Straßen. Und all denen, die eben keinen eigenen Garten haben, seien die Terrassen und Parks empfohlen, denn dort können sie die drei Dinge erleben, durch die man dem Propheten Mohammed zufolge geistige Freude erfahren kann, wenn man auf sie schaut: auf Grünes, auf Wasser und ein schönes Gesicht.

Gebete

»Gott schützt die Liebenden« – ein wunderschön-schreckli-
cher Spruch. Wunderschön für die, die sich darin geborgen
fühlen und den geliebten Menschen als geschützt erfahren
können. Schrecklich für die, die einen geliebten Menschen
verloren haben. Es gibt Orte, an denen sich die Ängste, die
Sorgen, das Glück, das Unglück, die Bitten und Wünsche
der Liebenden konzentrieren und an Gott gerichtet werden.
Autobahnkirchen sind solche Orte. Zig mal bin ich an
ihnen vorbeigerauscht. Und irgendwann war ich in einer
drin, genauer gesagt in der Autobahnkirche St. Christo-
phorus bei Baden-Baden. Nicht nur die ungewöhnliche
Architektur dieser Kirche – sie hat die Form einer Pyra-
mide – die künstlerische Gestaltung des Innenraums und
die Stille dieser Kirche neben der lärmenden »Rennbahn«
haben mich in ihren Bann gezogen. Vor allem zwei Bücher,
die dort ausliegen, haben mich fasziniert. Das eine ist ein
Gästebuch, das andere ein Bittbuch für die Wünsche,
Gebete, Klagen oder Dankesworte der Durchreisenden.
Betroffen machende Schicksale und bewundernswerte
Glaubenszeugnisse habe ich zwischen den Buchdeckeln
gefunden, neben alltäglichen Sorgen oder unbeschwerten
Reisenotizen. So hat eine Katharina in ihrer Kinderhand-
schrift an den lieben Gott geschrieben: »Bitte mach aus der
Woche keinen Ärger und lass es schneien.« Ein Mann mit
lockerer Schreibe vermerkte kurz und knapp: »Bitte um
Heilung für meinen Fuß und um den Segen für mein neues

Auto.« Ein anderer notierte: »Seit einem Jahr pendle ich zwischen Frankfurt und Freiburg, weil dort die Frau lebt, die ich liebe. Heute bin ich auf dem Weg zu ihr, um sie zu bitten, meine Frau zu werden. Gütiger Gott, segne unseren Bund, dass wir miteinander durch dieses Leben gehen in Freud und Leid.« Und nur ein paar Seiten weiter schreibt eine Frau: »Lieber Eddi, nun treffe ich dich hier nicht mehr, um mit dir spazieren zu gehen, sondern ich rüste mich hier, um an dein Grab gehen zu können.«

Tief berührt und mit großem Respekt blätterte ich durch diese Lebensbücher, sah die verschiedenen Handschriften, die Tages- und Monatsangaben darunter und stellte mir die Menge der Menschen vor mit all ihren verschiedenen Schicksalen. Und weil mein Herz dazu nicht weit genug ist, nahm ich sie mit in mein eigenes Gebet.

Dankbarkeit

Man ist nicht immer gleich aufmerksam für das, was einem gegeben ist und man gewöhnt sich leider oft auch an die schönen Dinge des Lebens. Individuell und auch als Paar. Und häufig schätzt man die Dinge erst richtig, wenn man sie nicht mehr hat. Umso mehr freue ich mich, wenn es mir gelingt, so offen zu sein, dass ich die ganz alltäglichen Dinge genieße und mich bis in die Zehenspitzen freuen kann an den sogenannten kleinen Dingen und ganz einfach dankbar bin. Zum Beispiel für die Luft am Morgen, nach feuchter Erde und saftigen Pflanzen riechend, kühl und erfrischend, als ob man sie trinken könnte. Für den Vogel auf dem Dach, der so weltvergessen seine Melodie dahinzwitschert, als ob es nichts zu fürchten gäbe. Für die spielenden Kinder mit ihrer lauten Fröhlichkeit, geborgen und so frei wie vielleicht nie mehr wieder. Für ein Lächeln, das mir geschenkt wird, unverhofft, echt, ohne Berechnung, ganz einfach so.

Für den Wind in den Bäumen, der mir sagt, dass nicht alles so bleiben wird und manchmal nach Aufbruch schmeckt. Für den Schwatz am Gartenzaun, der mir Heimat gibt, und das Gespräch, das Vertrauen in Worte fasst.

An solchen Tagen danke ich für jeden Menschen, der mir begegnet, Lebensgefährte und Zeitgenosse. Ich danke für die Kraft und die Lust zu leben, für die Trauer und das Leid, die mich alles tiefer erfahren lassen – das Gute wie das Schlechte, das Schlimme wie das Schöne. Ich danke für den

Tag und die Nacht, für das Kommen und Gehen, das Werden und Vergehen und ich danke für den Sternenhimmel am Abend, der mich einbindet in eine Welt, die unglaublich schön sein kann.

Liebe über den Tod hinaus

Liebeserklärung an eine Verstorbene

Es hat mich sehr berührt, als ich in einer Radiosendung eine ganz wunderbare Liebeserklärung gehört habe. Eine so beiläufige wie schöne Liebeserklärung. Der Objektkünstler Christo – das ist der, der den Reichstag verhüllt hat – hat in einem Interview immer wieder von seiner Frau gesprochen. Das ist ja noch nichts Ungewöhnliches. Er hat aber immer im Präsens, in der Gegenwartsform, von ihr gesprochen – was auch noch nichts Ungewöhnliches wäre, wenn sie nicht tot wäre.

Christos Frau Jeanne Claude ist im November 2009 gestorben. Und ihr Mann spricht von ihr, als ob sie noch da wäre. Er spricht von Projekten, die sie noch machen, er redet von »wir«, wo doch nur noch er da ist.

Man könnte jetzt natürlich sagen, dass er noch nicht verinnerlicht hat, dass seine Frau nicht mehr lebt, oder dass er es einfach nicht wahrhaben will. Aber wenn man weiß, dass Christo und Jeanne Claude im selben Jahr und am selben Tag geboren wurden, dass sie wegen ihrer Liebe lange in Armut leben mussten, dass sie 47 Jahre verheiratet waren und fast alles gemeinsam gemacht haben, in der Kunst wie im restlichen Leben, dann versteht man, dass der Tod dieses Paar nicht wirklich trennen kann.

Und vielleicht passt das ja auch zu ihrer Art von Kunst. Nicht nur, weil sie jahrzehntelang auch all ihre Kunstwerke gemeinsam geplant, finanziert und durchgeführt haben.

Sondern weil der Kern ihrer Kunst das Enthüllen durch Verhüllen war. Dadurch, dass sie Gegenstände, Naturobjekte oder Bauwerke eine Zeit lang verhüllt haben, wollten sie auf den inneren Wert von Dingen, Bauwerken und der Natur hinweisen. Und vielleicht ist der Tod ja auch nur eine Verhüllung, die uns das so intensiv enthüllt, was uns über ihn hinaus verbindet: die Liebe.

Abschied nehmen

»Partir c'est un peu mourir – Abschied ist ein kleines Stück Sterben«, sagt eine französische Lebensweisheit. Vielleicht halte ich ja deshalb Abschiede immer möglichst kurz. Wenn ich weiß, dass ich einen geliebten Menschen lange nicht mehr sehen werde, dann will ich diesen Trennungsschmerz nicht zu lange hinausziehen, mich diesem Stückchen Sterben im Leben nicht zu lange aussetzen. Natürlich, Abschiede gehören zum Leben. Vom Anfang bis zum Ende ist unser Leben immer wieder von Trennungen geprägt. Wir müssen uns geradezu immer wieder trennen, um uns weiterentwickeln zu können. Von der Abnabelung bei der Geburt über die Abschiede von Lebensphasen und Lebensträumen, von großen Lieben bis hin zur letzten großen Trennung von diesem Leben im Sterben. Das Leben scheint eingebettet in ein unaufhörliches Anfangen und Aufhören, Weggehen und Ankommen, Binden und Lösen. Immer wieder hin und her gerissen zwischen diesen Polen, die einen innerlich nie ganz zur Ruhe kommen lassen, mal schmerzlich, kraftlos und traurig, mal befreit, euphorisch und kraftvoll. Aber wer kann oder will diese extremen Gefühlserfahrungen immer wieder zulassen? Wer will schon dauernd mit Abschied und Sterben konfrontiert werden? Da macht das Leben doch keine Freude mehr. Im Gegenteil, sagen meine spirituellen Lehrer: Nur wer sich der Sterblichkeit bewusst ist, sie nicht verdrängt, kann wirklich Freude empfinden, tiefe Freude. Das ist keine religiöse Selbstquälerei, sondern eine Art Lebenskunst. Sterbensbewusstsein als Lebenskunst. »Abschiedlichkeit« wird sie auch genannt. Loslassen können, sich selbst und die anderen. Nicht nur im Kopf, sondern auch im Herzen – weiß Gott, das ist eine schwere, oft schmerzliche Übung. So bewusst, so intensiv und im Wortsinne ge-lassen zu leben, dass ich Trennungen nicht nur als tödliche Einschnitte erleben kann, sondern als organische Abschnitte meines Lebens. Wie bei einem Baum, der, wenn er zurückgeschnitten wird, wieder kraftvoll wächst und Früchte bringt. Zu dieser Abschiedlichkeit gehören Zeiten der Trauer, des Schmerzes, der Seelenarbeit, aber auch der Seelenruhe. Damit ich gut in die nächste Lebensphase komme – und sei es der Tod.

Ein Ritual, das ich mir seit einiger Zeit angewöhnt habe, hilft mir dabei. Wenn ich bei einer Beerdigung war, dann arbeite ich an diesem Tag nicht mehr, auch wenn der Verstorbene nur ein entfernter Verwandter oder Bekannter war. Ich gehe in die Natur, treffe Menschen, nehme mir Zeit für sie und dadurch auch für mich selbst. So erfahre ich intensives Leben durch den schärfsten Kontrast, den es gibt: den Tod.

Trauer

Rund 800 000 Menschen sterben in Deutschland pro Jahr. Aber irgendwie kriegt man das kaum mit, wenn man nicht im Krankenhaus, im Altenpflegeheim, beim Friedhof oder als Bestatter arbeitet. Und irgendwie kriegt man auch die Trauer der Angehörigen nicht mit. Bei 800 000 Verstorbenen im Jahr müssten doch auch mindestens 800 000 Menschen trauern, wenn nicht mehr! Aber man sieht sie nicht. An der Kleidung zum Beispiel sieht man die Trauer so gut wie nicht mehr. Fast nur noch auf den Dörfern werden schwarze Kleider als äußere Zeichen der Trauer getragen. Und man spürt die Trauer auch oft nicht. Weil viele Menschen nicht trauern können. Weil sie sich keine Zeit dafür nehmen können oder wollen. Und manche trauen sich nicht zu trauern, weil es zu wehtut oder weil andere nicht damit zurechtkommen. Es ist aber so wichtig zu trauern. Um den Tod eines geliebten Menschen zu bewältigen, müssen wir uns dem mühsamen und schmerzlichen Prozess der Lösung von diesem Menschen unterziehen. Dazu gibt es kein Rezept und auch keine Regel. Jeder Mensch, jede Beziehung und jeder Todesfall ist anders.

Gleich ist allen, dass der Tod eines geliebten Menschen eine Wunde in die Seele dessen reißt, der zurückbleibt. Eine Wunde, mit der − wie mit allen Wunden − sehr behutsam umgegangen werden muss. Und die Zeit und Pflege braucht, bis sie geschlossen ist.

Allen Menschen gleich sind auch die Wucht und die Eigenartigkeit der Trauer, wenn sie den geliebten Menschen verloren haben. Die Trauer ist wie das Meer. Sie kommt in Wellen, oft plötzlich, groß und überwältigend. Und ist auf einmal auch weg. Und wie sich das Meer nach einem Sturm beruhigt, so werden auch die Trauerwellen irgendwann weniger und kleiner, bis es windsstill wird in der Seele.

Allen Menschen gleich ist auch der innere Weg der Trauer. Vom Schock und dem Nicht-wahrhaben-Wollen über die tiefste Traurigkeit und nie gekannte Gefühlsschwankungen, bis hin zum allmählichen Akzeptieren, dass der geliebte Mensch nicht mehr da ist, aber im eigenen Herzen weiterlebt.

Der Mensch – eine geliehene Kostbarkeit

Ich war drei Wochen weg, komme nach Hause, lese E-Mails und die Post. Darunter eine Todesanzeige. Sie sticht heraus aus den Zeitungen, Werbeprospekten und Rechnungen. Nicht nur wegen ihres schwarzen Randes, sondern vor allem wegen des Namens, der darauf steht. Ich weiß einfach nicht, wer die Person ist, die da gestorben ist. Mit dem Namen verbinde ich drei verschiedene Menschen. Und in einer Mischung aus Schrecken und Sorge gehe ich die Personen gedanklich durch, bis mir das Geburtsdatum klar macht, wer es war: ein sehr sympathischer Kollege, der bei meinem Berufseinstieg am Ende seines Berufslebens stand. Und so hatte ich ihn aus den Augen und aus dem Sinn verloren. Seine Todesanzeige habe ich trotzdem aufbewahrt, wegen des Spruches, der darauf steht: »Wenn ein geliebter Mensch stirbt, geben wir eine Kostbarkeit zurück, die uns Gott geliehen hat.« Ein Spruch, der mich sehr berührt hat, weil er so viel Liebe und Dankbarkeit ausdrückt, aber auch Demut und Vertrauen. Eine Demut gegenüber dem Schöpfer, dem Geber und Nehmer des Lebens. Und ein Vertrauen, das selbst die Grenze des Todes überschreitet, weil es den geliebten Menschen als eine Leihgabe Gottes sieht. Also als etwas, was von Gott kommt, eigentlich ihm gehört, zu ihm gehört. Von dem man sich aber furchtbar schwer trennt, weil er durch sein Wesen, seine Persönlichkeit so einmalig, so kostbar gewesen ist. Ja, in seinen guten Gaben vielleicht auch Spuren dessen hat aufscheinen lassen, wie wir uns Gott vorstellen: liebevoll, fürsorglich zum Beispiel. Weshalb wir den geliebten Menschen auch nicht gehen lassen wollen, nicht wieder zurückgeben möchten. Und das ist auch nur menschlich, so menschlich wie zu lieben, über den Tod hinaus.

Was bleibt?

Es war einer dieser typischen Verwandtschaftsbesuche: Kaffee, Kuchen, viel Essen, viele Gespräche, alles nett. Irgendwann sagte ein Onkel, er habe noch einen alten Super-8-Film von irgendeiner Geburtstagsfeier. Auch das noch. Mehr gelangweilt als interessiert sah ich zu, bis meine Großmutter ins Bild kam. Es war wie ein schöner Schock. Ihre Körperhaltung, ihr Blick, ihre Bewegungen und vor allem ihre Stimme, alles da, total vertraut. Vor Jahren war sie gestorben, die Frau, die mich erzogen hatte, die ich geliebt hatte, wie man eben nur eine Oma lieben kann. Nach und nach war sie aus meinen Gedanken gegangen, wurde zur schönen Erinnerung. Plötzlich war sie wieder da, als wäre sie nie weg gewesen, technisch zum Leben erweckt. Dabei war das doch gar nichts Besonderes. Wir sind doch täglich umgeben von diesen Zeitlosigkeitsmaschinen wie Foto, Radio und Film. Längst gewöhnt an die ewige Anwesenheit von Verstorbenen, an die ferne Nähe von Toten, wenn Marilyn Monroe ihr »I wanna be loved by you« durch den Äther haucht oder John F. Kennedy sein »Ich bin ein Berliner« verkündet. Ich selbst habe Videoaufnahmen meiner jüngsten Tochter als Baby und Kleinkind, die ich ihr, wenn die Bänder nicht zerfallen, einmal vorführen kann. Und von meinen Eltern, die beide gestorben sind, habe ich Fotos, bewegende Bilder, die sie in verschiedenen Lebensphasen zeigen.

Ich bin also gewöhnt daran, Vergangenes technisch reproduziert zu sehen, und es erscheint mir selbstverständlich, dass die Welt durch Bild und Ton wiedergegeben wird. Aber vielleicht gerade deshalb machte mir das Filmbild meiner Großmutter eines überdeutlich: Medien können durch das Äußere auf das Innere verweisen. Das Äußere – der Körper, der Blick, die Stimme – vergeht. Das Innere – die Seele, die Verbundenheit, die Liebe – aber bleibt.

Das erste und das letzte Mal

»Das erste Mal« hat es in sich. »Das erste Mal« ist in jedem Fall etwas ganz Besonderes. Und zwar nicht nur, das erste Mal mit jemandem zu schlafen, was landläufig mit »dem ersten Mal« verbunden wird. »Das erste Mal« hat auch sonst einen Zauber in sich, eine Aura. Es ist, als betrete man ein Feld mit unberührtem, frisch gefallenem Schnee: der erste Kuss, die erste Liebe, das erste Mal im Meer baden, das erste Mal fliegen oder das erste Kind. Man betritt Neuland und die Welt verändert sich.

Nicht weniger hat es auch »das letzte Mal« in sich. Der letzte Kuss, der letzte Gruß, das letzte Wort. All diese »letzten Male« geben den Gesten, den Berührungen oder den letzten Worten eine Intensität, die oft an die Schmerzgrenze geht. »Das letzte Mal« verleiht der Zeit davor eine neue Perspektive, manchmal einen verklärenden und manchmal einen enthüllenden Blickwinkel. Eine scheinbar normale, alltägliche Begegnung wird im Bewusstsein der Letztmaligkeit zur Kostbarkeit, zum verlorenen Schatz.

Das erste und das letzte Mal, das sind die Momente, an denen sich das Leben verdichtet. Sie sind das A und O, das Alpha und das Omega, der Anfang und das Ende. Sie bilden die Schwelle, an der man einen Hauch vom Jenseits spürt, aber nur ganz kurz, so, wie der Atem auf einem Spiegel verschwindet. Aber doch lange genug, um die Sehnsucht zu wecken, die zwischen dem ersten und dem letzten Mal in uns schlummert, die Sehnsucht nach dem Zustand, in dem sich das erste und das letzte Mal zum glücklichen Immer verbinden.

Der Tod ist nichts …

In einer englischen Buchhandlung habe ich auf einer Postkarte einen Text entdeckt, der schön, provozierend und tröstlich ist. Er heißt »Death is nothing at all« und wird Henry Scott Holland (1874–1918) zugeschrieben. Der Text ist provozierend, weil er die unausweichliche Größe Tod kleinredet, ihr die Schärfe nimmt und das Beängstigende des Todes verschweigt. Er ist schön, weil er von einem vollendeten Leben zu sprechen scheint. Nur ein Mensch, der keine Angst vor dem Tod hat und von einem Glauben getragen ist, der ihn mit den Menschen über diese Welt hinaus verbindet, kann so schreiben. Und er ist tröstlich, dieser Text, weil in ihm eine so tiefe, große und gleichzeitig federleichte Zuversicht zu spüren ist, dass Liebende durch nichts zu trennen sind und sich wiederfinden werden:

Der Tod ist gar nichts. Ich bin nur in den nächsten Raum gegangen. Was wir einander waren, sind wir immer noch.

Verändert nicht den Klang eurer Stimme, tragt keinen erzwungenen Ernst oder Trauer. Lacht, wie wir immer miteinander gelacht haben. Spielt, lächelt, denkt an mich, betet für mich. Lasst meinen Namen das vertraute Wort sein, das es immer für euch war. Sprecht ihn ohne Mühen aus, ohne die Spur eines Schattens auf ihm.

Warum sollte ich aus dem Sinn sein, nur weil ich aus den Augen bin? Ich warte auf euch, nur eine kleine Weile, irgendwo ganz nah. Alles ist gut.

Text- und Bildnachweis

Aufmerksam fürs Leben!

Peter Kottlorz
Mehr als Alltag
Anstöße zum Leben

Format 10,5 x 17 cm
128 Seiten
8 s/w-Abbildungen
Hardcover
gerundete Ecken
ISBN 978-3-7867-2755-2

Wer mit offenen Augen durch die Welt geht und aufmerksam auf Zwischentöne hört, findet das »Mehr«, das dem Leben Sinn gibt. Ein Bussard, auf dem Weg zur Arbeit täglich gesehen, wird zum Freund. Ein vermasselter Montag, mit etwas Geduld ertragen, sagt was über Gott.

Peter Kottlorz' Anstöße zum Leben sind authentisch und voller Empathie für die Menschen mit all ihren Stärken und Schwächen. Sie beschreiben Alltägliches und Außergewöhnliches und laden ein, den Alltag bewusst zu leben und hinter die Dinge zu schauen. Ein unaufdringlicher Mutmacher, das Leben zu wagen.

GRÜNEWALD   www.gruenewaldverlag.de